斯洛伐克语变格规律十二讲

中国大百科全书出版社

图书在版编目（CIP）数据

斯洛伐克语变格规律十二讲 / 张岚著. -- 北京 : 中国大百科全书出版社，2022.12
ISBN 978-7-5202-1269-4

Ⅰ. ①斯… Ⅱ. ①张… Ⅲ. ①斯洛伐克语 - 语法 - 研究 Ⅳ. ① H744.4

中国版本图书馆 CIP 数据核字（2022）第 241075 号

责任编辑 常晓迪
责任印制 朱东旭
封面设计 田之友
出版发行 中国大百科全书出版社
地　　址 北京西城区阜成门北大街 17 号
邮　　编 100037
网　　址 http://www.ecph.com.cn
印　　刷 北京君升印刷有限公司
开　　本 710 毫米 ×1000 毫米　1/16
字　　数 117 千字
印　　张 9
版　　次 2022 年 12 月第 1 版
印　　次 2022 年 12 月第 1 次印刷
书　　号 ISBN 978-7-5202-1269-4
定　　价 36.00 元

前　言

斯洛伐克语是斯洛伐克共和国的官方语言，属印欧语系斯拉夫语族西斯拉夫语支。斯洛伐克语各种词类词尾变化丰富，按形态学分类法，根据其语法结构特点被划分入屈折语。有研究显示，斯洛伐克语与汉语的障碍指数居“一带一路”54种官方语言的第三位[①]，因此相较于多数外国语言，对中国人来说，斯洛伐克语的学习难度更大。

自2003年9月，我国招收第一届专业学习斯洛伐克语言文化的学生以来已近20年，国内尚无斯洛伐克语相关的专业语法书籍，从这一角度来说，本书具有一定突破性。随着“一带一路”倡议的提出以及中国—中东欧国家合作的开展与深化，我国对相关国家非通用语种人才的培养越来越重视。作者作为第一届斯洛伐克语毕业生之一，在这个伟大的时代，也享受到了国家政策的红利、实现了自己的梦想，现已成为从事斯洛伐克语教学的一线教师。结合自身的学习和教学成果与经验，作者将斯洛伐克语语法中最基本的变格规律进行分类、总结，以期为未来的斯洛伐克语专业学生的斯洛伐克语基础学习提供一定便利，为其他语言研究者或爱好者对斯洛伐克语的了解或研究提供一定的有限帮助。

由于时间仓促和作者水平所限，书中难免存在个别疏漏之处，敬请各位斯洛伐克语专业同仁以及广大读者海涵并斧正。

① 王立非，崔璨．基于语言障碍指数的“一带一路”语言服务难度评级研究．中国翻译，2018, 39(02): 72-77.

目　录

第一讲
斯洛伐克语变格简介

在斯洛伐克语中，单词分为十个类型，即名词、形容词、数词、代词、动词、副词、连词、前置词、感叹词和助词（小词）。斯洛伐克语名词有三个性，即阳性、阴性和中性，除表示人物或职业的名词根据实际情况分阳性和阴性外，其他一般单词的性只涉语言本身语法规定，并无现实根据，如 svet（世界）是阳性，krajina（国家）是阴性，mesto（城市）是中性。形容词、数词、代词的词尾要根据所修饰名词的性发生变化，如大世界（veľký svet），大国家（veľká krajina），大城市（veľké mesto）；一个世界（jeden svet），一个国家（jedna krajina），一个城市（jedno mesto）；这个世界（ten svet），这个国家（tá krajina），这个城市（to mesto）等。

斯洛伐克语的名词以及修饰其的形容词、数词、代词需要根据其在句子中作的成分和动词或前置词要求进行变格。斯洛伐克语原有七个格，在现代斯洛伐克语中，第五格已不再使用，所以不再介绍。第一格又称主格，一般在句子中充当主语或表语。第二格又称属格，一般在句子中用于表示所属关系，用作定语。第三格又称与格，一般在句子中充当间接宾语。第四格又称宾格，一般在句子中充当直接宾语。第六格又称前置格，必须与前置词共同使用，一般在句子中充当状语。第七格又称工具格，一般在句子中用于表示完成动作的方式。事实上，在斯洛伐克语中，各个格除了上述一般基本使用目的外，还有些特殊使用目的，如第四格除了宾语外，也可作状语，在 Každú sobotu nakupujeme v tomto supermarkete (意为：每个星期六我们都在这家超市购物) 一句中，každú sobotu 就是四格作状语；5 及 5 以上的数词和一些不定数词修饰名词作主语或宾语时，名词要用二格复数，如 Päť čínskych študentiek môže hovoriť po slovensky (意为：五个中国女学生会说斯洛伐克语) 一句中，päť čínskych študentiek 就是数词五加二格复数结构作主语；某月某日用第二格单数表示，可作主语或状语，如 Prvého októbra je výročie založenia Čínskej ľudovej republiky (意为：10 月 1 日是中华人民共和国国庆日) 一句中，prvého októbra 就是第二格单数表日期 10 月 1 日作主语，再如 Prvého septembra sa začína nový semester(意为：9 月 1 日新学期开始) 一句中 prvého septembra 就是第二格单数表日期 9 月 1 日作状语，等等。此外，不同前置词后要求的格不同：如前置词 do 加第二格表示到某处或某个时间点；k 加第三格表示朝某个方向或某人处去；pre 加第四格表示为了某人或某物；v 加第六格表示在某处或在某物里面；s 加第七格表示和某人或某物一起等，而这些都属于固定搭配，只能死记硬背。

需要说明的两点是：第一，有些前置词后面加不同的格表示不同的意思，如前置词 na 后面可以加第四格表示目的（如 Čo máme na večeru 意为：我们晚饭吃什么），也可以加第六格表示在某物的表面上（如 Na stole je jedna kniha 意为：在桌子上有一本书）；前置词 za 后面加第二格表示在某个阶段（如 Za druhej svetovej vojny mali ľudia ťažký život 意为：二战期间人们生活困苦），加第四格表示动态性地到某人或某物后面（如 Pôjdeme za stôl 意为：我们走到桌子后），加第七格表示静态性地处于某人或某物后面（如 Stojíme za stolom 意为：我们站在桌子后）。第二，不同前置词加不同的格可表达相同的意思，如 vedľa 加第二格和 pri 加第六格都表示在某人或某物旁边。

此外，一些动词后面所要求的格也与我们用中文思维理解的有所不同，如帮助某人，在中文中这是典型的动宾结构，某人作为宾语按照一般规律在斯洛伐克语中应该使用第四格，但是实际上斯洛伐克语动词帮助 pomáhať/pomôcť 后面要求加第三格；同样的还有害怕某人，斯洛伐克语动词害怕 báť sa 后面要求加第二格，尽管从中文上理解害怕某人也是动宾结构，某人作为宾语应该用第四格。不过情况相类似的动词并不是很多，经学习记忆后，多用多练，随着语感的提升，自然就会在脑子里形成固定记忆，随时脱口而出了。

名词及其修饰词的变格是学习斯洛伐克语的基础。正确掌握各种词类的变格规律对学好这门语言非常重要。从下一讲开始，将按顺序介绍除第五格外，斯洛伐克语其他六个格的单复数变化规律。

第二讲

第一格复数

名词第一格复数变化规律

一、阳性名词

（一）阳性有生命名词

1. 以辅音结尾

（1）一般情况

规律：在词尾直接加 i（部分单词脱音节）

študent: študenti   doktor: doktori   muž: muži   chlapec: chlapci

（2）以 k 结尾

规律：去掉 k 加 ci

žiak: žiaci   robotník: robotníci   roľník: roľníci

（3）以 an 结尾

规律：在词尾直接加 ia

Číňan: Číňania   Angličan: Angličania

（4）以 g 结尾

规律：在词尾直接加 ovia

pedagóg: pedagógovia   biológ: biológovia

（5）以 teľ 结尾：

规律：在词尾直接加 ia (ľ 去掉软音号)

učiteľ: učitelia　riaditeľ: riaditelia

2. 以 a 结尾

（1）一般情况

规律：去掉 a 加 ovia

zástupca: zástupcovia　kolega: kolegovia　hrdina: hrdinovia

（2）a 前是 t, 即以 ta 结尾

规律：去掉 a 加 i

futbalista: futbalisti　basketbalista: basketbalisti　poeta: poeti

3. 以 o 结尾

规律：在词尾直接加 via

ujo: ujovia　strýko: strýkovia　dedko: dedkovia

注意

家庭男性成员

规律：在词尾直接加 ovia

otec: otcovia　syn: synovia　predok: predkovia

单音节国家男性公民

规律：在词尾直接加 i

Švéd: Švédi　Rus: Rusi　Dán: Dáni　Nór: Nóri

（二）阳性无生命名词

1. 以硬辅音结尾

规律：在词尾直接加 y（部分单词脱音节）

zošit: zošity　telefón: telefóny　slovník: slovníky　stôl: stoly

2. 以软辅音结尾

规律：在词尾直接加 e（部分单词脱音节，ď,ť,ň,ľ 去掉软音号）

nôž: nože kôš: koše stroj: stroje kameň: kamene koberec: koberce

二、阴性名词

1. 以 a 结尾

（1）a 前是硬辅音

规律：去掉 a 加 y

žena: ženy kniha: knihy ceruzka: ceruzky

（2）a 前是软辅音

规律：去掉 a 加 e（ď,ť,ň,ľ 去掉软音号）

ulica: ulice skirňa: skrine tabuľa: tabule

2. 以软辅音结尾

规律：在词尾直接加 e（部分单词脱音节，ď,ť,ň,ľ 去掉软音号）

dlaň: dlane loď: lode posteľ: postele továreň: továrne

注意

个别以 c 结尾的阴性名词

规律：在词尾直接加 i

noc: noci vec: veci

3. 以 ia 结尾

规律：去掉 a 加 e

reštaurácia: reštaurácie kancelária: kancelária informácia: informácie

4. 以 sť 结尾

规律：在词尾直接加 i（ť 去掉软音号）

kosť: kosti miestnosť: miestnosti radosť: radosti

三、中性名词

1. 以 o 结尾

（1）前一个音节中的元音为短元音

规律：去掉 o 加 á

mesto: mestá　kino: kiná　okno: okná

（2）前一个音节中的元音为长元音或双元音

规律：去掉 o 加 a

miesto: miesta　okieno: okiena　víno: vína

2. 以 e 结尾

规律：去掉 e 加 ia

more: moria　srdce: srdcia　vajce: vajcia

3. 以 ie 结尾

规律：去掉 e 加 a

vyučovanie: vyučovania　vysvedčenie: vysvedčenia　námestie: námestia

4. 以 a 结尾

规律：在词尾直接加 tá（或去掉 a 加 ence）

dievča: dievčatá/dievčence　mača: mačatá/mačence　zviera: zvieratá

5. 以 um 结尾（以 um 结尾的名词通常是外来词）

（1）前一个音节中的元音为短元音

规律：去掉 um 加 á

múzeum: múzeá　laboratórium: laboratóriá　centrum: centrá

（2）前一个音节中的元音为长元音或双元音（此类单词较少）

规律：去掉 um 加 a

vízum: víza

形容词第一格复数变化规律

一、修饰阳性名词

（一）修饰阳性有生命名词

pekný: pekní

规律：去掉 ý 加 í

vysoký: vysokí　drahý: drahí　nový: noví

cudzí: cudzí

规律：不变

vyšší: vyšší　lepší: lepší　vedľajší: vedľajší

注意

形容词最后一个音节是短的，如 krásny（krásni，去掉 y 加 i），vynikajúci（不变），即若形容词原本最后一个音节是长的，变格后相应的音节仍是长的；但若是短的，变格后相应的音节仍是短的。此规律适用于修饰所有性形容词的所有格。

otcov: otcovi

规律：在词尾直接加 i

bratov: bratovi　synov: synovi

matkin: matkini

规律：在词尾直接加 i

sestrin: sestrini　dcérin: dcérini

（二）修饰阳性无生命名词

pekný: pekné

规律：<u>去掉 ý 加 é</u>

vysoký: vysoké　drahý: drahé　nový: nové

cudzí: cudzie

规律：<u>去掉 í 加 ie</u>

vyšší: vyššie　lepší: lepšie　vedľajší: vedľajšie

otcov: otcove

规律：<u>在词尾直接加 e</u>

bratov: bratove　synov: synove

matkin: matkine

规律：<u>在词尾直接加 e</u>

sestrin: sestrine　dcérin: dcérine

二、修饰阴性名词

pekná: pekné

规律：<u>去掉 á 加 é</u>

vysoká: vysoké　drahá: drahé　nová: nové

cudzia: cudzie

规律：<u>去掉 a 加 e</u>

vyššia: vyššie　lepšia: lepšie　vedľajšia: vedľajšie

otcova: otcove

规律：去掉 a 加 e

bratova: bratove　synova: synove

matkina: matkine

规律：去掉 a 加 e

sestrina: sestrine　dcérina: dcérine

三、修饰中性名词

pekné: pekné

规律：不变

vysoké: vysoké　drahé: drahé　nové: nové

cudzie: cudzie

规律：不变

vyššie: vyššie　lepšie: lepšie　vedľajšie: vedľajšie

otcovo: ctcove

规律：去掉 o 加 e

bratovo: bratove　synovo: synove

matkino: matkine

规律：去掉 o 加 e

sestrino: sestrine　dcérino: dcérine

指示代词和物主代词第一格复数变化规律

一、修饰阳性名词

（一）修饰阳性有生命名词

ten: tí

môj: moji　tvoj: tvoji　jeho: jeho　jej: jej　náš: naši　váš: vaši　ich: ich

（二）修饰阳性无生命名词

ten: tie

môj: moje　tvoj: tvoje　jeho: jeho　jej: jej　náš: naše　váš: vaše　ich: ich

二、修饰阴性名词

tá: tie

moja: moje　tvoja: tvoje　jeho: jeho　jej: jej　naša: naše　vaša: vaše　ich: ich

三、修饰中性名词

to: tie

moje: moje　tvoje: tvoje　jeho: jeho　jej: jej　naše: naše　vaše: vaše　ich: ich

数词第一格复数变化规律

一、修饰阳性有生命名词

1: jedni　2: dvaja　3: traja　4: štyria

5 或以上

规律：在词尾直接加 i（部分脱音节，个别发生音变）

5: piati　6: šiesti　7: siedmi　8: ôsmi　9: deviati　10: desiati　11: jedenásti

20: dvadsiati　50: päťdesiati

二、修饰阳性无生命名词

1: jedny 2: dva 3: tri 4: štyri

三、修饰阴性名词

1: jedny 2: dve 3: tri 4: štyri

四、修饰中性名词

1: jedny 2: dve 3: tri 4: štyri

注意

（1）jedni 修饰阳性有生命名词第一格复数时，可理解为一组（队、群）……，如 jedni študenti（一组学生）。

（2）有些单词是常用复数，表示这些物品数量为一时用 jedny，如 jedny okuliare（一副眼镜）、jedny nohavice（一条裤子）等。

（3）5 及以上的数词不能修饰阳性无生命名词、阴性名词、中性名词的第一格复数，用作主语或表语时，只能用 5 及以上的数词加上所修饰的阳性无生命名词、阴性名词或中性名词的第二格复数，如 5 位女同学：päť študentiek（študentka 的第二格复数）、6 座城市：šesť miest（mesto 的第二格复数）等。

例句

1. Všetci vedeckí pracovníci sú tu.（工作人员 pracovník：以 k 结尾的阳性有生命名词）所有的科学工作人员都在这里。

2. Jej najlepšie kamarátky pracujú na tejto univerzite.（女同学，女朋友 kamarátka：以 a 结尾且 a 前是硬辅音的阴性名词）她最好的女朋友们在这所大学工作。

3. Jedny učebnice sú na stole.（课本 učebnica：以 a 结尾且 a 前是软辅音的阴性名词）一堆课本在桌子上。

4. V tomto meste sú dve malé zdravotné strediská a tri veľké gymnáziá.（中心 stredisko：

以 o 结尾且前一个音节中的元音为短元音的中性名词；中学 gymnázium：以 um 结尾且前一个音节中的元音为短元音的中性名词）在这座城市有两家小型健康中心和三所大的中学。

5. V tejto izbe sú štyri stoly a tri stoličky.（桌子 stôl：以硬辅音结尾的阳性无生命名词；椅子 stolička：以 a 结尾且 a 前是硬辅音的阴性名词）在这间房间里有四张桌子和三把椅子。

6. Ivetini kolegovia pochádzajú z Pekingu.（同事 kolega：以 a 结尾的阳性有生命词）Iveta（女性人名）的同事们来自北京。

7. Ivanovi strýkovia príjdu zajtra.（叔叔 strýko：以 o 结尾的阳性有生命名词）Ivan（男性人名）的叔叔们明天来。

8. Títo štyria vyšší priatelia sú usilovní.（男朋友 priateľ：以 teľ 结尾的阳性有生命名词）这四位较高的男朋友很努力。

9. Tamtie krásne lode sú biele.（船 loď：以软辅音结尾的阴性名词）那四艘漂亮的船是白色的。

10. Tieto nové delegácie sú veľkmi dôležité.（代表团 delegácia：以 ia 结尾的阴性名词）这些新的代表团很重要。

练习

一、写出下列单词的第一格复数

študent žiak Číňan biológ učiteľ zástupca hrdina futbalista ujo syn otec Rus stôl slovník kôš kameň koberec žena skriňa posteľ továreň informácia kosť okno vajce námestie dievča centrum

二、用括号内所给单词的第一格复数填空

1. V hale sa stretli ______________________________
(profesor, docent, asistent a vedecký pracovník).

2. Do triedy vstúpili ______________________________ (2, známy vedec).

3. Na svadbe boli všetci ____________ (brat, rodič, sused) i ďalší ____________ (hosť).

4. V záhrade rastú ____ (ovocný strom).

5. V noci ma veľmi boleli všetky ____________________________________ (zub).

6. _____________________________________ (3, týždeň) čakal na list od rodičov.

7. Na stole sú už všetky _____________________________ (hlboký a plytký tanier).

8. _____________________________________ (4, veľký hotel) sú vždy obsadené.

9. Páčia sa mi ____ (slovenský hrad).

10. Posledné ____________________________________ (2, deň) boli veľmi dlhé.

11. Nad posteľou svietili __________________________________ (3, nočná lampa).

12. ______________________________ (Biela orchidea) boli najkrajším darčekom.

13. Všetky ___________________________________ (moja spolužiačka) sa vydali.

14. _____________________________ (Matkina pracovitá ruka) nepoznajú oddych.

15. ______________________________ (Električková trať) sú teraz v rekonštrukcii.

16. __________________________________ (Slovenská ľudová pieseň) sú krásne.

17. _________________________ (Stará železničná stanica) sú už zrekonštruované.

18. ____ (Jeho vec) sú už v kufri.

19. _______________________________ (Toto červené jablko) sú sladké ako med.

20. __________________________________ (Nepekné slovo) sa nám zle počúvajú.

21. ____ (Otcovo plece) sú široké.

22. _______________________________ (Politické rokovanie) sa skončili úspešne.

23. Pod našimi oknami hrajú __________________________ (susedovo dieťa) futbal.

24. ____ (Ich, 4, malé vnúča) sú múdre.

25. V zime sú ___________________ (deň krátky) a _________________ (noc dlhá).

26. ____________________ (Tvoja starosť) sú _________________ (moja starosť).

27. Všetci _________________________ (rodič) radi plnia svojim deťom ich želania.

28. _____________________________ (Roľník) pracujú usilovne od jari do jesene.

29. ____ (Mliečny výrobok) sú zdravé.

30. _____________________________________ (Tento akčný film) nie sú pre deti.

第三讲
第二格单数

名词第二格单数变化规律

一、阳性名词

（一）阳性有生命名词

1. 以辅音结尾

规律：在词尾直接加 a（部分单词脱音节）

študent: študenta　doktor: doktora　učiteľ: učiteľa　muž: muža　otec: otca

2. 以 a 结尾

规律：去掉 a 加 u

zástupca: zástupcu　kolega: kolegu　basketbalista: basketbalistu

3. 以 o 结尾

规律：去掉 o 加 a

Janko: Janka　ujo: uja　dedo: deda

（二）阳性无生命名词

规律：加 a 或者 u，有的词加 a 加 u 均可（无固定规律，须查词典，大型斯洛伐克语原文词典中，每个单词后均标注该词的第二格单数，此点对阳性无生命名词尤为重要）

二、阴性名词

1. 以 a 结尾

（1）a 前是硬辅音

规律：去掉 a 加 y

žena: ženy   kniha: knihy   ceruzka: ceruzky

（2）a 前是软辅音

规律：去掉 a 加 e（ď,ť,ň,ľ 去掉软音号）

ulica: ulice   skriňa: skrine   tabuľa: tabule

2. 以软辅音结尾

规律：在词尾直接加 e（部分单词脱音节，ď,ť,ň,ľ 去掉软音号）

dlaň: dlane   loď: lode   posteľ: postele   továreň: továrne

注意

个别以 c 结尾的阴性名词

规律：在词尾直接加 i

noc: noci   vec: veci

3. 以 ia 结尾

规律：去掉 a 加 e

reštaurácia: reštaurácie   kancelária: kancelárie   informácia: informácie

4. 以 sť 结尾

规律：在词尾直接加 i（ť 去掉软音号）

kosť: kosti   miestnosť: miestnosti   radosť: radosti

三、中性名词

1. 以 o 结尾

规律：去掉 o 加 a

mesto: mesta kino: kina pivo: piva

2. 以 e 结尾

规律：去掉 e 加 a

more: mora vajce: vajca *pole: poľa

3. 以 ie 结尾

规律：去掉 e 加 a

vyučovanie: vyučovania vysvedčenie: vysvedčenia námestie: námestia

4. 以 a 结尾

规律：在词尾直接加 ťa

dievča: dievčaťa dieťa: dieťaťa mača: mačaťa zviera: zvieraťa

5. 以 um 结尾

规律：去掉 um 加 a

múzeum: múzea laboratórium: laboratória centrum: centra vízum: víza

形容词第二格单数变化规律

一、修饰阳性名词

pekný: pekného

规律：去掉 ý 加 ého

vysoký: vysokého drahý: drahého nový: nového

cudzí: cudzieho

规律：去掉 í 加 ieho

vyšší: vyššieho lepší: lepšieho vedľajší: vedľajšieho

otcov: otcovho

规律：在词尾直接加 ho

bratov: bratovho synov: synovho

matkin: matkinho

规律：在词尾直接加 ho

sestrin: sestrinho　dcérin: dcérinho

二、修饰阴性名词

pekná: peknej

规律：去掉 á 加 ej

vysoká: vysokej　drahá: drahej　nová: novej

cudzia: cudzej

规律：去掉 ia 加 ej

vyššia: vyššej　lepšia: lepšej　vedľajšia: vedľajšej

otcova: otcovej

规律：去掉 a 加 ej

bratova: bratovej　synova: synovej

matkina: matkinej

规律：去掉 a 加 ej

sestrina: sestrinej　dcérina: dcérinej

三、修饰中性名词

pekné: pekného

规律：在词尾直接加 ho

vysoké: vysokého　drahé: drahého　nové: nového

cudzie: cudzieho

规律：在词尾直接 ho

vyššie: vyššieho   lepšie: lepšieho   vedľajšie: vedľajšieho

otcovo: otcovho

规律：去掉 o 加 ho

bratovo: bratovho   synovo: synovho

matkino: matkinho

规律：去掉 o 加 ho

sestrino: sestrinho   dcérino: dcérinho

指示代词、物主代词及数词 1 第二格单数变化规律

一、修饰阳性名词

ten: toho

môj: môjho   tvoj: tvojho   jeho: jeho   jej: jej   náš: nášho   váš: vášho   ich: ich

jeden: jedného

二、修饰阴性名词

tá: tej

moja: mojej   tvoja: tvojej   jeho: jeho   jej: jej   naša: našej   vaša: vašej   ich: ich

jedna: jednej

三、修饰中性名词

to: toho

moje: môjho   tvoje: tvojho   jeho: jeho   jej: jej   naše: nášho   vaše: vášho   ich: ich

jedno: jedného

人称代词第二格

人称	动词后	前置词后（句首）
ja	ma	mňa
ty	ťa	teba
on/ono	ho	前置词后：neho(一些元音结尾的前置词后可直接加ňho/ho)* 句首：jeho
ona	jej	nej
my	nás	
vy	vás	
oni/ony	ich	nich

* 指代阳性有生命名词用 ňho，指代阳性无生命名词或中性名词用 ň。

例句

1. To je kniha mojej kamarátky.（女同学，女朋友 kamarátka：以 a 结尾且 a 前是硬辅音的阴性名词）这是我女同学的书。

2. Vedľa Petrovho mladého brata je kolegyňa jeho sesternice.（兄弟 brat：以辅音结尾的阳性有生命名词；表姐妹 sesternica：以 a 结尾且 a 前是软辅音的阴性名词）在 Peter（男性人名）弟弟旁边的是他表姐妹的女同事。

3. Od pondelka do soboty mám mnoho povinností.（星期一 pondelok：阳性无生命名词；星期六 sobota：以 a 结尾且 a 前是硬辅音的阴性名词）从星期一到星期六我有很多事。

4. Budeme mať skúšku zo slovenčiny pozajtra.（斯洛伐克语 slovenčina：以 a 结尾且 a 前是硬辅音的阴性名词）后天我们有斯洛伐克语考试。

5. To dieťa sa bojí tohto kačaťa.（小鸭子 kača：以 a 结尾的中性名词）这小孩害怕这只小鸭子。

6. Od rána do večera stále študujú.（早上 ráno：以 o 结尾的中性名词；晚上 večer：阳性无生命名词）他们从早到晚一直学习。

7. Autobus práve odchádza z hlavného mesta.（城市 mesto：以 o 结尾的中性

名词）公共汽车正从首都开出。

8. Táto vec sa týka novej generácie.（generácia：以 ia 结尾的阴性名词）这事关新一代。

9. Tento chlapec chce ísť do tamtej malej kaviarne.（咖啡馆 kaviareň：以软辅音结尾的阴性名词）这个男孩想去那家小的咖啡馆。

10. Nemôžeme odísť bez nášho dedka.（爷爷 dedko：以 o 结尾阳性有生命名词）我们不能不带着我们的爷爷离开。

练习

一、写出下列名词的第二格单数

študent ujo syn otec učiteľ zástupca hrdina futbalista žena skriňa posteľ továreň informácia kosť okno vajce námestie dievča centrum

二、查词典，写出下列阳性无生命名词的第二格单数

stôl hotel most zošit slovník stroj papier počítač kufor koberec hokej kôš syr nos obraz štát ananás strom mobil obchod futbal kvet obsah vesmír dom šampón rok banán list

三、用括号内所给单词的第二格单数填空

1. Vypijeme šálku ______________________________

(zelený čaj, čierna káva, horúce mlieko).

2. Bojí sa ______________________________

(svoj otec, svoja mama, ich profesor, jej kolega, tvoja kolegyňa).

3. Pýtajú sa ______________________________

(Evin bratanec, rakúsky prezident, mladý novinár, zahraničná študentka, minister školstva, vysoký tlmočník, tento hovorca vlády, vedúci katedry, vedúca katedry, Petrov príbuzný, Petrina učiteľka，ja，ty，on，ona，my，vy，oni).

4. Táto vec sa týka ____

(spoločenský a kultúrny život, otázka menšín, každá rodina, štúdium, tvoj osud).

5. Nechce sa vzdať ____

(pôvodný plán, svoj syn, vlastná matka, nádej, funkcia).

6. Najedol sa ____

(biely chlieb, zelenina, čerstvé mäso, ovocie, ryža) .

7. Sedí vedľa ____

(veľký stôl, vysoká stolička, dlhý most, nové námestie, svoj brat, toto otvorené okno).

8. Bez ______________ (lyžica, misa, hlboký a plytký tanier) nemôže jesť polievku.

9. V chladničke je veľa ____

(syr, maslo, kola, pivo, voda).

10. __________ (jeden deň) iste dostaneme úspech, ak pracujeme usilovne zo svojich síl.

11. Okolo ____________ (stará cesta, naša škola, ich dom, Jankovo auto) sú mnohé stromy.

12. Požičia 50 juanov od/odo ____________________ (ja, ty, on, ona, my, vy, oni).

13. Tí študenti pochádzajú z ________________________ (Afrika, Ázia a Európa).

14. To nebol balík __________ (to dieťa, jeho strýko, jej sestra, sestrin priateľ, moja kamarátka, tento usilovný roľník).

15. Eva býva u ____

(svoja teta, matkina matka, otcova matka, otcov otec, matkin otec).

四、按照例句变换句型

例：Táto sukňa patrí sestre.

To je sukňa sestry.

1. To pero patrí susedovmu synovi.

____

2. To auto patrí našej triednej učiteľke.

---

3. To územie patrí Slovensku.

---

4. Tá hračka patrí malému dievčaťu.

---

5. Územie patrí tejto krajine.

第四讲

第二格复数

名词第二格复数变化规律

一、阳性名词

（一）阳性有生命名词

1. 以辅音结尾

规律：在词尾直接加 ov（部分单词脱音节）

študent: študentov   doktor: doktorov   muž: mužov   žiak: žiakov   Číňan: Číňanov

učiteľ: učiteľov   otec: otcov

2. 以 a 结尾

规律：去掉 a 加 ov

zástupca: zástupcov   kolega: kolegov

3. 以 o 结尾

规律：在词尾直接加 v

ujo: ujov   strýko: strýkov   dedko: dedkov

（二）阳性无生命名词

规律：在词尾直接加 ov（部分单词脱音节）

zošit: zošitov   telefón: telefónov   slovník: slovníkov   stôl: stolov   stroj: strojov kameň: kamenov koberec: kobercov nôž: nožov kôš: košov

二、阴性名词

1. 以 a 结尾

（1）a 前有一个辅音且辅音前的元音为短元音

规律：去掉 a 并将辅音前的元音变成长元音或双元音化 (a 变成 á；e 变成 ie；i 变成 í；o 变成 ô；u 变成 ú)

mapa: máp žena: žien kniha: kníh hora: hôr guma: gúm

（2）a 前有一个辅音且辅音前的元音为长元音或双元音

规律：去掉 a 即可

fáza: fáz téma: tém viera: vier rieka: riek kôra: kôr óda: ód fúra: fúr

（3）a 前有两个辅音且两个辅音前的元音为短元音

规律：去掉 a 并在两个辅音间加 ie

kocka: kociek ceruzka: ceruziek sestra: sestier

（4）a 前有两个辅音且两个辅音前的元音为长元音或双元音

规律：去掉 a 并在两个辅音间加 o

látka: látok čiapka: čiapok robotníčka: robotníčok skúška: skúšok

注意

a 前辅音为 ň

（1）表示地点

规律：去掉 a 加 í（ň 去掉软音号）

klubovňa:klubovní pracovňa:pracovní učebňa: učební študovňa: študovní
studňa: studní základňa: základní baňa: baní klubovňa: klubovní

（2）表示女性职业（以 yňa 结尾，一般对应的男性职业以 a 结尾）

规律：去掉 a，y 变为 ý

zástupkyňa: zástupkýň kolegyňa: kolegýň

（3）个别常用词

skriňa: skríň vôňa: vôní dyňa: dýň jaskyňa: jaskýň

2. 以软辅音结尾

规律：在词尾直接加 í（部分单词脱音节，ď,ť,ň,ľ 去掉软音号）

dlaň: dlaní loď: lodí posteľ: postelí továreň:tovární noc: nocí vec: vecí

3. 以 ia 结尾

规律：去掉 a 加 í

reštaurácia: reštaurácií kancelária: kancelárií informácia: informácií

4. 以 sť 结尾

规律：在词尾直接加 í（ť 去掉软音号）

kosť: kostí miestnosť: miestností radosť: radostí

三、中性名词

1. 以 o 结尾

（1）o 前有一个辅音且辅音前的元音为短元音

规律：去掉 o 并将辅音前的元音变成长元音或双元音化（a 变成 á；e 变成 ie；i 变成 í；o 变成 ô；u 变成 ú）

rameno: ramien koleso: kolies kino: kín kolo: kôl sako: sák

（2）o 前有一个辅音且辅音前的元音为长元音或双元音

规律：去掉 o 即可

ráno: rán mlieko: mliek víno: vín

（3）o 前有两个辅音且两个辅音前的元音为短元音

规律：去掉 o 并在两个辅音间加 ie

okno: okien sklo: skiel heslo: hesiel stehno: stehien

（4）o 前有两个辅音且两个辅音前的元音为长元音或双元音

规律：去掉 o 并在两个辅音间加 o

lýtko: lýtok lôžko: lôžok

注意

rádio: rádií

2. 以 e 结尾

规律：去掉 e 加 í

more: morí　pole: polí

注意

srdce: sŕdc　vajce: vajec

3. 以 ie 结尾

规律：去掉 ie 加 í

vyučovanie: vyučovaní　vysvedčenie: vysvedčení　námestie: námestí

4. 以 a 结尾中性名词

规律：在词尾直接加 t（或去掉 a 加 eniec）

dievča: dievčat/dievčeniec　mača: mačat/mačeniec　*zviera: zvierat

5. 以 um 结尾

（1）um 前为元音

规律：去掉 um 加 í

múzeum: múzeí　laboratórium: laboratórií

（2）um 前为一个辅音

规律：去掉 um

vízum: víz　antibiotíkum: antibiotík

（3）um 前为两个（或以上）辅音（此类单词较少）

规律：去掉 um 并在两个辅音间加 ie

centrum: centier

形容词第二格复数变化规律

一、修饰阳性名词

pekný: pekných

规律：在词尾直接加 ch

vysoký: vysokých　drahý: drahých　nový: nových

cudzí: cudzích

规律：在词尾直接加 ch

vyšší: vyšších　lepší: lepších　vedľajší: vedľajších

otcov: otcových

规律：在词尾直接加 ých

bratov: bratových　synov: synových

matkin: matkiných

规律：在词尾直接加 ých

sestrin: sestriných　dcérin: dcériných

二、修饰阴性名词

pekná: pekných

规律：去掉 á 加 ých

vysoká: vysokých　drahá: drahých　nová: nových

cudzia: cudzích

规律：去掉 ia 加 ích

vyššia: vyšších　lepšia: lepších　vedľajšia: vedľajších

otcova: otcových

规律：去掉 a 加 ých

bratova: bratových　synova: synových

matkina: matkiných

规律：去掉 a 加 ých

sestrina: sestriných　dcérina: dcériných

三、修饰中性名词

pekné: pekných

规律：去掉 é 加 ých

vysoké: vysokých　drahé: drahých　nové: nových

cudzie: cudzích

规律：去掉 ie 加 ích

vyššie: vyšších　lepšie: lepších　vedľajšie: vedľajších

otcovo: otcových

规律：去掉 o 加 ých

bratovo: bratových　synovo: synových

matkino: matkiných

规律：去掉 o 加 ých

sestrino: sestriných　dcérino: dcériných

指示代词和物主代词第二格复数变化规律

一、修饰阳性名词

ten: tých

môj: mojich　tvoj: tvojich　jeho: jeho　jej: jej　náš: našich　váš: vašich

ich: ich

二、修饰阴性名词

tá: tých

moja: mojich　tvoja: tvojich　jeho: jeho　jej: jej　naša: našich　vaša: vašich

ich: ich

三、修饰中性名词

to: tých

moje: mojich　tvoje: tvojich　jeho: jeho　jej: jej　naše: našich　vaše: vašich

ich: ich

数词第二格复数变化规律

一、修饰阳性名词

1: jedných　2: dvoch　3: troch　4: štyroch

二、修饰阴性名词

1: jedných　2: dvoch　3: troch　4: štyroch

三、修饰中性名词

1: jedných　2: dvoch　3: troch　4: štyroch

* 修饰阳性名词、阴性名词、中性名词的数词为 5 或以上

规律：在词尾直接加 ich（部分脱音节，个别发生音变）

5: piatich 6: šiestich 7: siedmich 8: ôsmich 9: deviatich 10: desiatich

11: jedenástich 20: dvadsiatich 50: päťdesiatich

例句

1. To sú knihy ich susedov.（邻居 sused：以辅音结尾阳性有生命名词）这些是他们邻居们的书。

2. Vedľa tých kratších mostov sú vysoké stromy.（桥 most：阳性无生命名词）在这些短桥边有些高大的树。

3. Dal peniaze do dvoch tašiek matky.（书包 taška：以 a 结尾，a 前有两个辅音且两个辅音前的元音为短元音的阴性名词）他把钱放到妈妈的两个书包里。

4. Títo študenti pochádzajú z rôznych gymnázií.（中学 gymnázium：以 um 结尾且 um 前为元音的中性名词）这些学生来自不同的中学。

5. Mám šesť sák.（西装 sako：以 o 结尾，o 前有一个辅音且辅音前的元音为短元音的中性名词）我有六件西装。

6. Mnoho dedov športuje.（爷爷，老人 dedo：以 o 结尾的阳性有生命名词）许多老人在运动。

7. Cesta z Číny do európskych krajín je dlhá.（国家 krajina：以 a 结尾，a 前有一个辅音且辅音前的元音为短元音的阴性名词）从中国到欧洲国家的路程很远。

8. Táto vec sa týka mnohých galérií.（美术馆，画廊 galéria：以 ia 结尾的阴性名词）这事关许多家美术馆。

9. Rada chodí do niektorých neznámych kaviarní.（咖啡馆 kaviareň：以软辅音结尾的阴性名词）她喜欢去一些不知名的咖啡馆。

10. Z desiatich otázok sme vyberali päť.（问题 otázka：以 a 结尾，a 前有两个辅音且两个辅音前的元音为长元音的阴性名词）我们从十个问题中选了五个。

练习

一、写出下列名词的第二格复数

študent ujo syn otec učiteľ most stroj zástupca hrdina futbalista žena rieka kniha čiapka učebňa posteľ továreň informácia kosť okno miesto mesto rádio vajce námestie dievča centrum vízum

二、用括号内所给单词的第二格复数填空

1. Sedí ved a ______________________________

____

(Evin bratanec, Petrova sesternica, ten mladý novinár, tá zahraničná študentka, vysoký tlmočník, tento hovorca vlády, tá hovorky ň a vlády, náš príbuzný).

2. Dostal veľa ______________________________

____

(pekný kvet, nová kniha, čínsky slovník, ťažká práca, peniaze, rozprávková knižka, stará ľudová pieseň, krásne pero).

3. Tam je niekoľko ______________________________

(osobné a nákladné auto, okrúhly stôl, ich priateľ a priateľka, náš sused, základná a stredná škola, malá pošta, vysoká a nízka socha, pekná fontána, staré mesto, nové kino, fľaša vína, ľudia, zahraničný športovec).

4. Pýtali sme ______________________________

(3 stará mama, 5 študentka, 4 kolega, 2 dievča, 23 robotník, 5 profesor, 4 zástupkyňa).

5. Bojí sa ______________________________(svoja profesorka, svoja učiteľka).

第五讲
第三格单数

名词第三格单数变化规律

一、阳性名词

（一）阳性有生命名词

1. 以辅音结尾

规律：在词尾直接加 ovi（部分单词脱音节）

študent: študentovi   učiteľ: učiteľovi   muž: mužovi   otec: otcovi

2. 以 a 结尾

规律：去掉 a 加 ovi

zástupca: zástupcovi   kolega: kolegovi   basketbalista: basketbalistovi

3. 以 o 结尾

规律：在词尾直接加 vi

strýko: strýkovi   ujo: ujovi   dedo: dedovi

（二）阳性无生命名词

规律：所有阳性无生命名词直接在词尾加 u（部分单词脱音节）

zošit: zošitu   telefón: telefónu   hrad: hradu   stôl: stolu   nôž: nožu   kôš: košu

stroj: stroju   kameň: kameňu   koberec: kobercu   vzduch: vzduchu   sneh: snehu pohár: poháru

二、阴性名词

1. 以 a 结尾

（1）a 前是硬辅音

规律：<u>去掉 a 加 e</u>

žena: žene   kniha: knihe   ceruzka: ceruzke

（2）a 前是软辅音

规律：<u>去掉 a 加 i（ď,ť,ň,ľ 去掉软音号）</u>

ulica: ulici   skriňa: skrini   tabuľa: tabuli

2. 以软辅音结尾

规律：<u>在词尾直接加 i（部分单词脱音节，ď,ť,ň,ľ 去掉软音号）</u>

dlaň: dlani loď: lodi posteľ: posteli továreň: továrni noc: noci

3. 以 ia 结尾

规律：<u>去掉 a 加 i</u>

reštaurácia: reštaurácii   kancelária: kancelárii   informácia: informácii

4. 以 sť 结尾

规律：<u>在词尾直接加 i（ť 去掉软音号）</u>

kosť: kosti   miestnosť: miestnosti   radosť: radosti

三、中性名词

1. 以 o 结尾

规律：<u>去掉 o 加 u</u>

mesto: mestu   kino: kinu   okno: oknu

2. 以 e 结尾

规律：<u>去掉 e 加 u</u>

more: moru   vajce: vajcu   *pole: poľu

3. 以 ie 结尾

规律：去掉 e 加 u

vyučovanie: vyučovaniu vysvedčenie: vysvedčeniu námestie: námestiu

4. 以 a 结尾

规律：在词尾直接加 ťu

dievča: dievčaťu dieťa: dieťaťu mača: mačaťu zviera: zvieraťu

5. 以 um 结尾

规律：去掉 m

múzeum: múzeu laboratórium: laboratóriu centrum: centru vízum: vízu

形容词第三格单数变化规律

一、修饰阳性名词

pekný: peknému

规律：去掉 ý 加 ému

vysoký: vysokému drahý: drahému nový: novému

cudzí: cudziemu

规律：去掉 í 加 iemu

vyšší: vyššiemu lepší: lepšiemu vedľajší: vedľajšiemu

otcov: otcovmu

规律：在词尾直接加 mu

bratov: bratovmu synov: synovmu

matkin: matkinmu

规律：在词尾直接加 mu

sestrin: sestrinmu dcérin: dcérinmu

二、修饰阴性名词

pekná: peknej

规律：去掉 á 加 ej

vysoká: vysokej　　drahá: drahej　　nová: novej

cudzia: cudzej

规律：去掉 ia 加 ej

vyššia: vyššej　　lepšia: lepšej　　vedľajšia: vedľajšej

otcova: otcovej

规律：去掉 a 加 ej

bratova: bratovej　　synova: synovej

matkina: matkinej

规律：去掉 a 加 ej

sestrina: sestrinej　　dcérina: dcérinej

三、修饰中性名词

pekné: peknému

规律：在词尾直接加 mu

vysoké: vysokému　　drahé: drahému　　nové: novému

cudzie: cudziemu

规律：在词尾直接加 mu

vyššie: vyššiemu　　lepšie: lepšiemu　　vedľajšie: vedľajšiemu

otcovo: otcovmu

规律：去掉 o 加 mu

bratovo: bratovmu　synovo: synovmu

matkino: matkinmu

规律：去掉 o 加 mu

sestrino: sestrinmu　dcérino: dcérinmu

指示代词、物主代词及数词 1 第三格单数变化规律

一、修饰阳性名词

ten: tomu

môj: môjmu　tvoj: tvojmu　jeho: jeho　jej: jej　náš: nášmu　váš: vášmu　ich: ich

jeden: jednému

二、修饰阴性名词

tá: tej

moja: mojej　tvoja: tvojej　jeho: jeho　jej: jej　naša: našej　vaša: vašej　ich: ich

jedna: jednej

三、修饰中性名词

to: tomu

moje: môjmu　tvoje: tvojmu　jeho: jeho　jej: jej　naše: nášmu　vaše: vášmu

ich: ich　jedno: jednému

人称代词第三格

<table>
<tr><th>人称</th><th>动词后</th><th>前置词后（句首）</th></tr>
<tr><td>ja</td><td>mi</td><td>mne</td></tr>
<tr><td>ty</td><td>ti</td><td>tebe</td></tr>
<tr><td>on/ono</td><td>mu</td><td>前置词后：nemu
句首：jemu</td></tr>
<tr><td>ona</td><td>jej</td><td>nej</td></tr>
<tr><td>my</td><td colspan="2">nám</td></tr>
<tr><td>vy</td><td colspan="2">vám</td></tr>
<tr><td>oni/ony</td><td>im</td><td>nim</td></tr>
</table>

例句

1. Poslal si jeho starému bratovi správu?（兄弟 brat：以辅音结尾阳性有生命名词）你给他哥哥发信息了？

2. Banka sa nachádza oproti Evinej škole.（学校 škola：以 a 结尾且 a 前是硬辅音的阴性名词）银行位于 Eva（女性人名）学校的对面。

3. Išiel k hotelu（酒店 hotel：阳性无生命名词）他朝酒店走去。

4. Ukázala tomuto zahraničnému turistovi cestu.（远足者，徒步者 turista：以 a 结尾的阳性有生命名词）她为这位外国远足者指了路。

5. Kúpila svojej kolegyni darček.（女同事 kolegyňa：以 a 结尾且 a 前是软辅音的阴性名词）她给自己的女同事买了礼物。

6. Pomohli Petrovmu ujovi.（舅舅 ujo：以 o 结尾的阳性有生命名词）他们帮了 Peter（男性人名）的舅舅。

7. Napriek tejto veľkej ťažkosti bol úspešný.（困难 ťažkosť：以 sť 结尾的阴性名词）虽然有个大麻烦但他还是成功了。

8. Pôjdu k galérii poobede.（美术馆，画廊 galéria：以 ia 结尾的阴性名词）下午他们要去美术馆。

9. Tamtá budova oproti kaviarni je jedna vysoká škola.（咖啡馆 kaviareň：以软辅音结尾的阴性名词）咖啡馆对面那幢楼是一所大学。

10. Ľudia bojujú proti násiliu.（暴力 násilie：以 ie 结尾的中性名词）人们同暴力作斗争。

练习

一、写出下列名词的第三格单数

študent otec zástupca ujo most stôl stroj žena skriňa posteľ továreň informácia kosť mesto vajce námestie dievča centrum

二、用括号内所给单词的第三格单数填空

1. Dáva ______________________________
(svoj otec, svoja mama, ich profesor, jej dcéra, tvoja kolegyňa) jedno pero.

2. Dnes budeme gratulovať ______________________________
(Evin bratanec, náš vedúci oddelenia, mladý novinár, zahraničná študentka, vysoký tlmočník, Petrov príbuzný, Petrina učiteľka, jeho otec, svoj kolega) k narodeninám.

3. Rád pomáha ______________________________
(starý otec, stará mama, svoj sused, susedov ujo, svoj priateľ, svoja kamarátka, Petrina kolegyňa).

4. Čas je ______________________________
(tento usilovný roľník, táto krásna vedkyňa, tento známy vedec) dôležitý.

5. Vo voľnom čase sa venuje ______________(hudba, tanec, umenie, šport).

6. Páči sa ______________(moja matka, jeho otec) tento slovenský film.

7. Nerozumejú ______________(tento ťažký text, to čudné slovo, tamtá dlhá veta).

8. Pôjde na letisko ______________________________
(moja žena, svoj cudzí kamarát, Petrov brat, Vierina teta, my, vy, ja, ty, on, ona) naproti.

9. Zatelefonoval ________________________________ (my, vy, ja, ty, on, ona).

10. Proti ____

(naša škola, toto veľké námestie, tento dlhý most, jeho dom) je nové kino.

第六讲

第三格复数

名词第三格复数变化规律

一、阳性名词

（一）阳性有生命名词

1. 以辅音结尾

规律：在词尾直接加 om（部分单词脱音节）

študent: študentom　učiteľ: učiteľom　muž: mužom　otec: otcom

2. 以 a 结尾

规律：去掉 a 加 om

zástupca: zástupcom　kolega: kolegom

3. 以 o 结尾

规律：在词尾直接加 m

strýko: strýkom　ujo: ujom　dedo: dedom

（二）阳性无生命名词

规律：在词尾直接加 om（部分单词脱音节）

zošit: zošitom　hrad: hradom　stroj: strojom　kameň: kameňom　stôl: stolom

nôž: nožom　kôš: košom　koberec: kobercom　kufor: kufrom

二、阴性名词

1. 以 a 结尾

（1）a 前为硬辅音且前一个音节中的元音为短元音

规律：去掉 a 加 ám

žena: ženám   kniha: knihám   ceruzka: ceruzkám

（2）a 前为硬辅音且前一个音节中的元音为长元音或双元音

规律：在词尾直接加 m

rieka: riekam   prekážka: prekážkam

（3）a 前为软辅音且前一个音节中的元音为短元音

规律：去掉 a 加 iam（ď,ť,ň,ľ 去掉软音号）

ulica: uliciam   skriňa: skriniam   tabuľa: tabuliam

（4）a 前为软辅音且前一个音节中的元音为长元音或双元音

规律：在词尾直接加 m

skrýša: skrýšam   práca: prácam

2. 以软辅音结尾

（1）软辅音前的元音为短元音

规律：在词尾直接加 iam（ď,ť,ň,ľ 去掉软音号）

noc: nociam   loď: lodiam   niť: nitiam   dlaň: dlaniam   posteľ: posteliam

（2）软辅音前的元音为长元音或双元音（包括由脱音节造成的）

规律：在词尾直接加 am（部分单词发生脱音节）

bandáž: bandážam   továreň: továrňam   báseň: básňam

3. 以 ia 结尾

规律：去掉 a 加 ám

reštaurácia: reštauráciám   kancelária: kancelàriám   informácia: informáciám

4. 以 sť 结尾

规律：在词尾直接加 iam（ť 去掉软音号）

kosť: kostiam   miestnosť: miestnostiam

三、中性名词

1. 以 o 结尾

（1）o 前一个音节中的元音为短元音

规律：去掉 o 加 ám

mesto: mestám   kino: kinám   okno: oknám

（2）o 前一个音节中的元音为长元音或双元音

规律：去掉 o 加 am

víno: vínam   líčko: líčkam   okieno: okienam   miesto: miestam

2. 以 e 结尾

（1）e 前一个音节中的元音为短元音

规律：去掉 e 加 iam

more: moriam   vajce: vajciam   srdce: srdciam   pole: poliam

（2）e 前一个音节中的元音为长元音或双元音

规律：去掉 e 加 am

líce: lícam

3. 以 ie 结尾

规律：去掉 e 加 am

vyučovanie: vyučovaniam   vysvedčenie: vysvedčeniam   námestie: námestiam

4. 以 a 结尾

规律：在词尾直接加 tám（或去掉 a 加 encom）

dievča: dievčatám/dievčencom   mača: mačatám/mačencom

káča: káčatám/káčencom   *zviera: zvieratám

5. 以 um 结尾

（1）um 前一个音节中的元音为短元音

规律：去掉 um 加 ám

múzeum: múzeám   laboratórium: laboratoriám   centrum:centrám

（2）um 前一个音节中的元音为长元音或双元音

规律：去掉 um 加 am

vízum: vízam

形容词（物主形容词）第三格复数变化规律

一、修饰阳性名词

pekný: pekným

规律：在词尾直接加 m

vysoký: vysokým   drahý: drahým   nový: novým

cudzí: cudzím

规律：在词尾直接加 m

vyšší: vyšším   lepší: lepším   vedľajší: vedľajším

otcov: otcovým

规律：在词尾直接加 ým

bratov: bratovým   synov: synovým

matkin: matkiným

规律：在词尾直接加 ým

sestrin: sestriným   dcérin: dcériným

二、修饰阴性名词

pekná: pekným

规律：去掉 á 加 ým

vysoká: vysokým   drahá: drahým   nová: novým

cudzia: cudzím

规律：<u>去掉 ia 加 ím</u>

vyššia: vyšším lepšia: lepším vedľajšia: vedľajším

otcova: otcovým

规律：<u>去掉 a 加 ým</u>

bratova: bratovým synova: synovým

matkina: matkiným

规律：<u>去掉 a 加 ým</u>

sestrina: sestriným dcérina: dcériným

三、修饰中性名词

pekné: pekným

规律：<u>去掉 é 加 ým</u>

vysoké: vysokým drahé: drahým nové: novým

cudzie: cudzím

规律：<u>去掉 ie 加 ím</u>

vyššie: vyšším lepšie: lepším vedľajšie: vedľajším

otcovo: otcovým

规律：<u>去掉 o 加 ým</u>

bratovo: bratovým synovo: synovým

matkino: matkiným

规律：<u>去掉 o 加 ým</u>

sestrino: sestriným   dcérino: dcériným

指示代词和物主代词第三格复数变化规律

一、修饰阳性名词

ten: tým

môj: mojim   tvoj: tvojim   jeho: jeho   jej: jej   náš: našim   váš: vašim   ich: ich

二、修饰阴性名词

tá: tým

moja: mojim   tvoja: tvojim   jeho: jeho   jej: jej   naša: našim   vaša: vašim   ich: ich

三、修饰中性名词

to: tým

moje: mojim   tvoje: tvojim   jeho: jeho   jej: jej   naše: našim   vaše: vašim   ich: ich

数词第三格复数变化规律

一、修饰阳性名词

1: jedným   2: dvom   3: trom   4: štyrom

二、修饰阴性名词

1: jedným   2: dvom   3: trom   4: štyrom

三、修饰中性名词

1: jedným   2: dvom   3: trom   4: štyrom

* 修饰阳性名词、阴性名词、中性名词的数词为 5 或以上

规律：在词尾直接加 im（部分脱音节，个别发生音变）

5: piatim 6: šiestim 7: siedmim 8: ôsmim 9: deviatim 10: desiatim

11: jedenástim 20: dvadsiatim 50: päťdesiatim

例句

1. Dala tamtým nižším basketbalistom loptu?（篮球运动员 basketbalista：以 a 结尾阳性有生命名词）她把球给那些较矮的篮球运动员们了？

2. Vodič odišiel na letisko cudzím odborníkom naproti.（专家 odborník：以辅音结尾的阳性有生命名词）司机出发去机场接外国专家了。

3. Odišieli k svojim hotelom.（酒店 hotel：阳性无生命名词）他们朝自己的酒店走去了。

4. Ukázala týmto zahraničným učiteľkám svoj preukáz.（女老师 učiteľka：以 a 结尾，a 前为硬辅音且前一个音节中的元音为短元音的阴性名词）她向这些外国女老师出示了自己的证件。

5. Kúpila všetkým kolegyniam darčeky.（女同事 kolegyňa：以 a 结尾，a 前为软辅音且前一个音节中的元音为短元音的阴性名词）她给所有的女同事都买了礼物。

6. Pomohli sme susedovým vnúčatám/vnúčencom.（小孙子 vnúča：以 a 结尾的中性名词）我们帮了邻居的小孙子。

7. Napriek týmto veľkým ťažkostiam bola úspešná.（困难 ťažkosť：以 sť 结尾的阴性名词）虽然有这些大麻烦但她还是成功了。

8. Pôjdu k tamtým novým galériám doobeda.（美术馆，画廊 galéria：以 ia 结尾的阴性名词）上午他们要去那些新的美术馆。

9. Tamtá budova oproti tým malým cukrárňam je jedna vysoká škola.（甜品店 cukráreň：以软辅音结尾且软辅音前的元音为长元音的阴性名词）这些小甜品店对面那幢楼是一所大学。

10. Ľudia bojujú proti jeho nesprávnym slovám.（单词 slovo：以 o 结尾且 o 前一个音节中的元音为短元音的中性名词）人们反对他的错误言论。

练习

一、写出下列名词的第三格复数

robotník muž volejbalista ujo otec strom stroj koberec kameň stôl žena polica kaviareň miestnosť informácia rameno miesto pole vysvedčenie múzeum káča

二、用括号内所给单词的第三格复数填空

1. Nepôjdeme k ______________________________

____

____

(farebný televízor, moderný vlak, drevená stolička, veľká váľanda, osobný počítač, zubná pasta, okrúhle kreslo, hnedá skriňa, kožená aktovka, vysoký pohár, voňavé mydlo, pekné pero, krásna blúzka, biele nohavice, červená sukňa, čierne čižmy, čerstvé ovocie, dobré pravítko, malý zošit, mäkká posteľ)

2. Verí ______________________________

____

____

(váš strýko, vaša teta, jeho brat, jej kolegyňa, ich dobrý kamarát, tvoj malý syn, náš triedny učiteľ, tvoja mladá profesorka, ich synovec a neter)

3. Pôjdeš cez prázdniny k ______________________________ (tvoji starí rodičia).
4. Úspech partia ______________________________ (všetky, nová študentka).
5. Bývame proti ______________________________ (ten vysoký dom).
6. Vďaka ______________________________ (3, učiteľ) urobil skúšku tento semester.
7. Pomohla ____________________ (svoj 2, brat) a ____________________ (4, sestra).
8. Kedy sa dostanete? Pôjdem na letisko ______________________________ naproti .
9. K ______________________________ (oni) pôjdeme o 13:00. Budú mať voľno.
10. Verí tiež ______________________________ (matkin brat a otcova sestra).

第七讲
第四格单数

名词第四格单数变化规律

一、阳性名词

（一）阳性有生命名词

1. 以辅音结尾

规律：在词尾直接加 a（部分单词脱音节）

študent: študenta　doktor: doktora　učiteľ: učiteľa　otec: otca

2. 以 a 结尾

规律：去掉 a 加 u

zástupca: zástupcu　kolega: kolegu　basketbalista: basketbalistu

3. 以 o 结尾

规律：去掉 o 加 a

strýko: strýka　ujo: uja　dedo: deda

（二）阳性无生命名词

规律：与第一格单数相同，词形不变

telefón: telefón　stroj: stroj　list: list　stôl: stôl

二、阴性名词

1. 以 a 结尾

规律：去掉 a 加 u

žena: ženu　kniha: knihu　ulica: ulicu

2. 以软辅音结尾

规律：与第一格单数相同，词形不变

noc: noc　dlaň: dlaň　loď: loď　posteľ: posteľ

3. 以 ia 结尾

规律：去掉 a 加 u

reštaurácia: reštauráciu　kancelária: kanceláriu　informácia: informáciu

4. 以 sť 结尾

规律：与第一格单数相同，词形不变

kosť: kosť　miestnosť: miestnosť　radosť: radosť

三、中性名词

规律：与第一格单数相同，词形不变

mesto: mesto　kino: kino　more: more　vyučovanie: vyučovanie　dievča: dievča

múzeum: múzeum

形容词第四格单数变化规律

一、修饰阳性名词

（一）修饰阳性有生命名词

pekný: pekného

规律：去掉 ý 加 ého

vysoký: vysokého　drahý: drahého　nový: nového

cudzí: cudzieho

规律：去掉 í 加 ieho

vyšší: vyššieho   lepší: lepšieho   vedľajší: vedľajšieho

otcov: otcovho

规律：在词尾直接加 ho

bratov: bratovho   synov: synovho

matkin: matkinho

规律：在词尾直接加 ho

sestrin: sestrinho   dcérin: dcérinho

（二）修饰阳性无生命名词

pekný: pekný

规律：无变化

vysoký: vysoký   drahý: drahý   nový: nový

cudzí: cudzí

规律：无变化

vyšší: vyšší   lepší:lepší   vedľajší: vedľajší

otcov: otcov

规律：无变化

bratov: bratov   synov: synov

matkin: matkin

规律：无变化

sestrin: sestrin   dcérin: dcérin

二、修饰阴性名词

pekná: peknú

规律：去掉 á 加 ú

vysoká: vysokú   drahá: drahú   nová: novú

cudzia: cudziu

规律：去掉 a 加 u

vyššia: vyššiu   lepšia: lepšiu   vedľajšia: vedľajšiu

otcova: otcovu

规律：去掉 a 加 u

bratova: bratovu   synova: synovu

matkina: matkinu

规律：去掉 a 加 u

sestrina: sestrinu   dcérina: dcérinu

三、修饰中性名词

pekné: pekné

规律：无变化

vysoké: vysoké   drahé: drahé   nové: nové

cudzie: cudzie

规律：无变化

vyššie: vyššie   lepšie: lepšie   vedľajšie: vedľajšie

otcovo: otcovo

规律：无变化

bratovo: bratovo　synovo: synovo

matkino: matkino

规律：无变化

sestrino: sestrino　dcérino: dcérino

指示代词、物主代词及数词 1 第四格单数变化规律

一、修饰阳性名词

（一）修饰阳性有生命名词

ten: toho

môj: môjho　tvoj: tvojho　jeho: jeho　jej: jej　náš: nášho　váš:vášho　ich: ich

jeden: jedného

（二）修饰阳性无生命名词

ten: ten

môj: môj　tvoj: tvoj　jeho: jeho　jej: jej　náš:náš　váš: váš　ich: ich

jeden: jeden

二、修饰阴性名词

tá: tú

moja: moju　tvoja: tvoju　jeho:jeho　jej: jej　naša: našu　vaša: vašu　ich: ich

jedna: jednu

三、修饰中性名词

to: to

moje: moje　tvoje: tvoje　jeho: jeho　jej: jej　naše: naše　vaše: vaše　ich: ich

jedno: jedno

人称代词第四格

人称	动词后	前置词后（句首）
ja	ma	mňa
ty	ťa	teba
on/ono	ho	前置词后：neho(一些元音结尾的前置词后可直接加 ňho/ň)* 句首：jeho
ona	ju	ňu
my	nás	
vy	vás	
oni	ich	nich
ony	ich	ne

* 指代阳性有生命名词用 ňho，指代阳性无生命名词或中性名词用 ň。

例句

1. Mám jednu novú učebnicu a jeden nový slovník.（课本 učebnica：以 a 结尾的阴性名词；词典 slovník：阳性无生命名词）我有一本新课本和一本新词典。

2. Videli sme nášho čínskeho profesora.（教授 profesor：以辅音结尾的阳性有生命名词）我们看见了我们的中文教授。

3. Poznáme tohto silného futbalistu.（足球运动员 futbalista：以 a 结尾的阳性有生命名词）我们认识这位强壮的足球运动员。

4. Hľadal svoje rodisko v mape.（出生地 rodisko：以 o 结尾的中性名词）他在地图上寻找自己的出生地。

5. Postavili jedno nádherné laboratórium v centre mesta.（实验室 laboratórium：以 um 结尾的中性名词）他们在市中心建造了一家无与伦比的实验室。

6. Prajem Vám dobrú noc.（夜晚 noc：以软辅音结尾的阴性名词）我祝您晚安。

7. Toto dievča má tvorivosť.（创新力，创造力 tvorivosť：以 sť 结尾的阴性名词）这个小女孩有创造力。

8. Dostal jednu dôležitú informáciu.（信息 informácia：以 ia 结尾的阴性名词）他得到了一个重要信息。

9. On číta knihu a píše list doma.（图书 kniha：以 a 结尾的阴性名词；信 list：阳性无生命名词）他在家看书和写信。

10. Má rád Evino mača.（小猫 mača：以 a 结尾的中性名词）他喜欢 Eva（女性人名）的小猫。

练习

一、写出下列名词的第四格单数

robotník muž volejbalista ujo otec strom stroj koberec kameň stôl žena polica kaviareň radosť informácia rameno vajce námestie centrum káča

二、用括号内所给单词的第四格单数填空

1. Žiaci hľadajú ______ (mapa).

2. Zahraniční študenti študujú ______ (čínština).

3. Čakám ______ (priateľ).

4. V továrni vyrábajú ______ (tovar).

5. Ona rada varí ______ (polievka) a ______ (mäso).

6. Prosím si ______ (kabát).

7. Matka umýva ______ (syn).

8. Peter má ______ (manželka) a ______ (dcéra).

9. Pozdravuj ______ (otec) a ______ (mama)!

10. Čítam ______ (text).

11. Náš otec má ______ (jedno staré rádio).

12. Nevidím ______ (ten vysoký chlapec).

13. V izbe mám ________________________ (pohodlná stolička).

14. Študenti fotografujú ________________________ (starý hrad).

15. Pozeráme sa na ________________________ (farebný obraz).

16. Nepoznám ________________________ (to malé dievča).

17. Sestra hľadá ________________________ (moderné kreslo).

18. Žiaci nie sú cez ________________________ (veľká prestávka) v triede.

19. Nepijem ________________________ (čierna káva).

20. Máme ________________________ (jeden nový kolega).

21. Poznám ________________________ (váš učiteľ).

22. Hľadám ________________________ (moja nová taška).

23. Ján nemá ________________________ (Kvetino pero).

24. Cudzinec potrebuje ________________________ (naša pomoc).

25. On umýva ________________________ (jeho auto).

26. Eva číta ________________________ (matkina kniha).

27. Vidím ________________________ (vaše mesto) na mape.

28. Nepoznáme ________________________ (jej brat).

29. Nepotrebuješ ________________________ (jeho ceruzka).

30. Ivan nesie ________________________ (svoj kufor).

第八讲
第四格复数

名词第四格复数变化规律

一、阳性名词

（一）阳性有生命名词

1. 以辅音结尾

规律：在词尾直接加 ov（部分单词脱音节）

študent: študentov　doktor: doktorov　muž: mužov　žiak: žiakov　Číňan: Číňanov

učiteľ: učiteľov　otec: otcov

2. 以 a 结尾

规律：去掉 a 加 ov

zástupca: zástupcov　kolega: kolegov

3. 以 o 结尾

规律：在词尾直接加 v

strýko: strýkov　ujo: ujov　dedko: dedkov

（二）阳性无生命名词

1. 以硬辅音结尾

规律：在词尾直接加 y（部分单词脱音节）

zošit: zošity telefón: telefóny stôl: stoly

2. 以软辅音结尾

规律：在词尾直接加 e（部分单词脱音节，ď,ť,ň,ľ 去掉软音号）

nôž: nože kôš: koše stroj: stroje kameň: kamene koberec: koberce

二、阴性名词

1. 以 a 结尾

（1）a 前是硬辅音

规律：去掉 a 加 y

žena: ženy kniha: knihy ceruzka: ceruzky

（2）a 前是软辅音

规律：去掉 a 加 e（ď,ť,ň,ľ 去掉软音号）

ulica: ulice skirňa: skrine tabuľa: tabule

2. 以软辅音结尾

规律：在词尾直接加 e（部分单词脱音节，ď,ť,ň,ľ 去掉软音号）

dlaň: dlane loď: lode posteľ: postele továreň: továrne

注意

个别以 c 结尾的阴性名词

规律：在词尾直接加 i

noc: noci vec: veci

---

3. 以 ia 结尾

规律：去掉 a 加 e

reštaurácia: reštaurácie kancelária: kancelárie informácia: informácie

4. 以 sť 结尾

规律：在词尾直接加 i（ť 去掉软音号）

kosť: kosti   miestnosť: miestnosti   radosť: radosti

二、中性名词

1. 以 o 结尾

（1）前一个音节中的元音为短元音

规律：去掉 o 加 á

mesto: mestá   kino: kiná   okno: okná

（2）前一个音节中的元音为长元音或双元音

规律：去掉 o 加 a

miesto: miesta   okieno: okiena   víno: vína

2. 以 e 结尾

规律：去掉 e 加 ia

more: moria   srdce: srdcia   vajce: vajcia

3. 以 ie 结尾

规律：去掉 e 加 a

vyučovanie: vyučovania   vysvedčenie: vysvedčenia   námestie: námestia

4. 以 a 结尾的中性名词

规律：在词尾直接加 tá（或去掉 a 加 ence）

dievča: dievčatá/dievčence   mača: mačatá/mačence   *zviera: zvieratá

5. 以 um 结尾

（1）前一个音节中的元音为短元音

规律：去掉 um 加 á

múzeum: múzeá   laboratórium: laboratóriá   centrum: centrá

（2）前一个音节中的元音为长元音或双元音

规律：去掉 um 加 a

vízum: víza

形容词（物主形容词）第四格复数变化规律

一、修饰阳性名词

（一）修饰阳性有生命名词

pekný: pekných

规律：在词尾直接加 ch

vysoký: vysokých　drahý: drahých　nový: nových

cudzí: cudzí

规律：在词尾直接加 ch

vyšší: vyšších　lepší: lepších　vedľajší: vedľajších

otcov: otcových

规律：在词尾直接加 ých

bratov: bratových　synov: synových

matkin: matkiných

规律：在词尾直接加 ých

sestrin: sestriných　dcérin: dcériných

（二）修饰阳性无生命名词

pekný: pekné

规律：去掉 ý 加 é

vysoký: vysoké　drahý: drahé　nový: nové

cudzí: cudzie

规律：去掉 í 加 ie

vyšší: vyššie   lepší: lepšie   vedľajší: vedľajšie

otcov: otcove

规律：在词尾直接加 e

bratov: bratove   synov: synove

matkin: matkine

规律：在词尾直接加 e

sestrin: sestrine   dcérin: dcérine

二、修饰阴性名词

pekná: pekné

规律：去掉 á 加 é

vysoká: vysoké   drahá: drahé   nová: nové

cudzia: cudzie

规律：去掉 a 加 e

vyššia: vyššie   lepšia: lepšie   vedľajšia: vedľajšie

otcova: otcove

规律：去掉 a 加 e

bratova: bratove   synova: synove

matkina: matkine

规律：去掉 a 加 e

sestrina: sestrine   dcérina: dcérine

三、修饰中性名词

pekné: pekné

规律：不变

vysoké: vysoké drahé: drahé nové: nové

cudzie: cudzie

规律：不变

vyššie: vyššie lepšie: lepšie vedľajšie: vedľajšie

otcovo: otcove

规律：去掉 o 加 e

bratovo: bratove synovo: synove

matkino: matkine

规律：去掉 o 加 e

sestrino: sestrine dcérino: dcérine

指示代词和物主代词第四格复数变化规律

一、修饰阳性名词

（一）修饰阳性有生命名词

ten: tých

môj: mojich tvoj: tvojich jeho: jeho jej: jej náš: našich váš: vašich

ich: ich

（二）修饰阳性无生命名词

ten: tie

môj: moje tvoj: tvoje jeho: jeho jej: jej náš: naše váš: vaše ich: ich

二、修饰阴性名词

tá: tie

moja: moje tvoja: tvoje jeho: jeho jej: jej naša: naše vaša: vaše ich: ich

三、修饰中性名词

to: tie

moje: moje tvoje: tvoje jeho: jeho jej: jej naše: naše vaše: vaše ich: ich

数词第四格复数变化规律

一、修饰阳性名词

（一）修饰阳性有生命名词

1: jedných 2: dvoch 3: troch 4: štyroch

* 修饰阳性名词有生命名词的数词为 5 或以上

规律：在词尾直接加 ich（部分脱音节，个别发生音变）

5：piatich 6：šiestich 7: siedmich 8: ôsmich 9: deviatich 10: deviatich

11: jedenástich 20: dvadsiatich 50: päťdesiatich

（二）修饰阳性无生命名词

1: jedny 2: dva 3: tri 4: štyri

二、修饰阴性名词

1: jedny 2: dve 3: tri 4: štyri

三、修饰中性名词

1: jedny 2: dve 3: tri 4: štyri

······ 注意 ······

5 及以上的数词不能修饰阳性无生命名词、阴性名词、中性名词的第四格复数，用作宾语时，只能用 5 及以上的数词加上所修饰的阳性无生命名词、阴性名词或中性名词的第二格复数。如我看见 5 位女同学。Vídim päť študentiek.（študentka 的第二格复数）他了解这 6 座城市。Pozná šesť miest.（mesto 的第二格复数）等。

例句

1. Pozvali týchto vedeckých pracovníkov na obed.（工作人员 pracovník：以辅音结尾的阳性有生命名词）他们邀请这些科学工作人员吃午饭。

2. Navštívila nalepšie kamarátky.（女同学，女朋友 kamarátka：以 a 结尾且 a 前是硬辅音的阴性名词）她看望了最好的女同学们。

3. Dal jedny učebnice na stoličku.（课本 učebnica：以 a 结尾且 a 前是软辅音的阴性名词）他把一堆课本放在椅子上了。

4. V tomto meste postavia dve malé zdravotné strediská a tri veľké gymnáziá.（中心 stredisko：以 o 结尾且前一个音节中的元音为短元音的中性名词；中学 gymnázium：以 um 结尾且前一个音节中的元音为短元音的中性名词）他们要在这座城市建两家小型健康中心和三所大的中学。

5. Otec kúpil štyri stoly a tri stoličky.（桌子 stôl：以硬辅音结尾的阳性无生命名词；椅子 stolička：以 a 结尾且 a 前是硬辅音的阴性名词）爸爸买了四张桌子和三把椅子。

6. Máme radi Ivetiných kolegov pochádzajúcich z Pekingu.（同事 kolega：以 a 结尾的阳性有生命词）我们都很喜欢 Iveta（女性人名）来自北京的同事们。

7. Ivan navštívi svojich strýkov na dedine zajtra.（叔叔 strýko：以 o 结尾的阳性有生命名词）Ivan（男性人名）明天要去农村看望自己的叔叔们。

8. Pes potrebuje tri kosti.（骨头 kosť：以 sť 结尾的阴性名词）小狗需要三根骨头。

9. Umyjú tamtie biele lode.（船 loď：以软辅音结尾的阴性名词）他们要清洗那些白船。

10. Predavajú tieto nové vína.（葡萄酒 víno：以 o 结尾且前一个音节中的元音为长元音的中性名词）他们在卖这些新品葡萄酒。

练习

一、写出下列名词的第四格复数

robotník muž volejbalista ujo otec strom stroj koberec kameň stôl žena polica kaviareň radosť informácia rameno vajce námestie centrum káča

二、用括号内所给单词的第四格复数填空

1. V tejto továrni vyrábajú ______________________________

____

____

(farebný televízor, moderný vlak, drevená stolička, veľká váľanda, osobný počítač, zubná pasta, okrúhle kreslo, hnedá skriňa, kožená aktovka, vysoký pohár, voňavé mydlo)

2. Pozdravujeme ______________________________

____

____

(váš strýko, vaša teta, jeho brat, jej kolegyňa, ich dobrý kamarát, tvoj malý syn, náš triedny učiteľ, tvoja mladá profesorka, ich synovec a neter)

3. V tom obchode predávajú ______________________________

____

____

(pekné pero, krásna blúzka, biele nohavice, červená sukňa, čierne čižmy, čerstvé ovocie, dobré pravítko, malý zošit, mäkká posteľ)

4. Často spomínam na ____ (matkin rodič).

5. Nevieš ____ (Petrova otázka).

6. Poznám ____ (všetci otcovi príbuzní).

7. Urobili ste v skúške ____ (3, chyba).

8. Má ____________________ (4, bratanec) a ____________________ (2, sesternica).

9. Ešte nepozná ____ (ten nový kolega).

10. Videla ste ____ (tá zaujímavá výstava)?

11. Počujete ____ (my)?

12. Môžeme ____ (vy) navštíviť?

13. Nenašla som nožnice a vidíš ____?

14. Postavte sa za ____ (ten nízky študent).

15. Dala som knihu medzi __________ (učebnica) a __________ (papier) a nedala som ju pred __________ (ony).

第九讲
第六格单数

名词第六格单数变化规律

一、阳性名词

（一）阳性有生命名词

1. 以辅音结尾

规律：在词尾直接加 ovi（部分单词脱音节）

študent: študentovi doktor: doktorovi učiteľ: učiteľovi muž: mužovi

otec: otcovi

2. 以 a 结尾

规律：去掉 a 加 ovi

zástupca: zástupcovi kolega: kolegovi basketbalista: basketbalistovi

3. 以 o 结尾

规律：在词尾直接加 vi

strýko: strýkovi ujo: ujovi dedo: dedovi

（三）阳性无生命名词

1. 以硬辅音结尾

规律：在词尾直接加 e（部分单词脱音节）

zošit: zošite   telefón: telefóne   hrad: hrade   stôl: stole

注意

（1）以 g,k,ch,h 结尾

规律：在词尾直接加 u

vzduch: vzduchu   sneh: snehu   slovník: slovníku

（2）以 r,l 结尾

规律：在词尾直接加 i 或 e，须查词典

常用词：

pohár: pohári (1.P pl. poháre)   tanier: tanieri (1.P pl. taniere)

kufor: kufri (1.P pl. kufre)   papier: papieri (1.P pl. papiere)

hotel: hoteli (1.P pl. hotely)   televízor: televízore (1.P pl. televízory)

cukor: cukre (1.P pl. cukry)   vesmír: vesmíre (1.P pl. vesmíry)

futbal: futbale (1.P pl. futbaly)

2. 以软辅音结尾

规律：在词尾直接加 i（部分单词脱音节，ď,ť,ň,ľ 去掉软音号）

nôž: noži   kôš: koši   stroj: stroji   kameň: kameni   koberec: koberci

二、阴性名词

1. 以 a 结尾

（1）a 前是硬辅音

规律：去掉 a 加 e

žena: žene   kniha: knihe   ceruzka: ceruzke

（2）a 前是软辅音

规律：去掉 a 加 i（ď,ť,ň,ľ 去掉软音号）

ulica: ulici   skriňa: skrini   tabuľa: tabuli

2. 以软辅音结尾

规律：在词尾直接加 i（部分单词脱音节，ď,ť,ň,ľ 去掉软音号）

noc: noci dlaň: dlani loď: lodi posteľ: posteli továreň: továrni

3. 以 ia 结尾

规律：去掉 a 加 i

reštaurácia: reštaurácii kancelária: kancelárii informácia: informácii

4. 以 sť 结尾

规律：在词尾直接加 i（ť 去掉软音号）

kosť: kosti miestnosť: miestnosti radosť: radosti

三、中性名词

1. 以 o 结尾

规律：去掉 o 加 e

mesto: meste kino: kine

注意

（1）o 前是 g,k,h,ch

规律：去掉 o 加 u

oko: oku ucho: uchu

（2）个别以 o 结尾且 o 前是元音的外来词

规律：去掉 o 加 u

rádio: rádiu Tokio: Tokiu

2. 以 e 结尾

规律：去掉 e 加 i

more: mori vajce: vajci

3. 以 ie 结尾

规律：去掉 ie 加 í

vyučovanie: vyučovaní   vysvedčenie: vysvedčení   námestie: námestí

4. 以 a 结尾

规律：在词尾直接加 ti

dievča: dievčati   dieťa: dieťati   mača: mačati

5. 以 um 结尾

（1）um 前为元音

规律：去掉 m

múzeum: múzeu   laboratórium: laboratóriu

（2）um 前为辅音

规律：去掉 um 加 e

centrum: centre   vízum: víze

形容词第六格单数变化规律

一、修饰阳性名词

pekný: peknom

规律：去掉 ý 加 om

vysoký: vysokom   drahý: drahom   nový: novom

cudzí: cudzom

规律：去掉 í 加 om

vyšší: vyššom   lepší: lepšom   vedľajší: vedľajšom

otcov: otcovom

规律：在词尾直接加 om

bratov: bratovom   synov: synovom

matkin: matkinom

规律：在词尾直接加 om

sestrin: sestrinom   dcérin: dcérinom

二、修饰阴性名词

pekná: peknej

规律：去掉 á 加 ej

vysoká: vysokej   drahá: drahej   nová: novej

cudzia: cudzej

规律：去掉 ia 加 ej

vyššia: vyššej   lepšia: lepšej   vedľajšia: vedľajšej

otcova: otcovej

规律：去掉 a 加 ej

bratova: bratovej   synova: synovej

matkina: matkinej

规律：去掉 a 加 ej

sestrina: sestrinej   dcérina: dcérinej

三、修饰中性名词

pekné: peknom

规律：去掉 é 加 om

vysoké: vysokom   drahé: drahom   nové: novom

cudzie: cudzom

规律：去掉 ie 加 om

vyššie: vyššom   lepšie: lepšom   vedľajšie: vedľajšom

otcovo: otcovom

规律：在词尾直接加 m

bratovo: bratovom   synovo: synovom

matkino: matkinom

规律：在词尾直接加 m

sestrino: sestrinom   dcérino: dcérinom

指示代词、物主代词及数词 1 第六格单数变化规律

一、修饰阳性名词

ten: tom

môj: mojom   tvoj: tvojom   jeho: jeho   jej: jej   náš: našom   váš: vašom   ich: ich

jeden: jednom

二、修饰阴性名词

tá: tej

moja: mojej   tvoja: tvojej   jeho: jeho   jej: jej   naša: našej   vaša: vašej   ich: ich

jedna: jednej

三、修饰中性名词

to: tom

moje: mojom   tvoje: tvojom   jeho: jeho   jej: jej   naše: našom   vaše: vašom

ich: ich

jedno: jednom

人称代词第六格

人称	前置词后
ja	mne
ty	tebe
on/ono	ňom
ona	nej
my	nás
vy	vás
oni/ony	nich

例句

1. Pri tomto cudzom odborníkovi sedí náš riaditeľ.（专家 odborník：以辅音结尾的阳性有生命名词）我们经理坐在这位外国专家旁边。

2. Študujeme slovenčinu na tejto univerzite.（大学 univerzita：以 a 结尾且 a 前是硬辅音的阴性名词）我们在这所大学学习斯洛伐克语。

3. Na Ivanej učebnici je tvoje pero.（课本 učebnica：以 a 结尾且 a 前是软辅音的阴性名词）你的钢笔在 Ivan（男性人名）的课本上。

4. V tomto meste postavia dve malé zdravotné strediská a tri veľké gymnáziá.（城市 mesto：以 o 结尾的中性名词）他们要在这座城市建两家小型健康中心和三所大的中学。

5. V marci budeme na Slovensku.（三月 marec：以软辅音结尾的阳性无生命名词； 斯洛伐克 Slovensko：以 o 结尾且 o 前是 k 的中性名词）三月我们将在斯洛伐克。

注意

在几月份用前置词 v 加上月份的第六格表示

6. Stojíme pri Ivetinom kolegovi pochádzajúcom z Pekingu.（同事 kolega：以 a 结尾的阳性有生命名词）我们站在 Iveta（女性人名）来自北京的同事的旁边。

7. Hovoríme o Ivanovom strýkovi.（叔叔 strýko：以 o 结尾的阳性有生命名词）我们在谈论 Ivan（男性人名）的叔叔。

8. To je nová správa o tomto novom múzeu.（博物馆 múzeum：以 um 结尾的中性名词）这是一条关于这座新博物馆的新消息。

9. V noci rád počuvá hudbu.（夜晚 noc：以软辅音结尾的阴性名词）他在晚上喜欢听音乐。

10. Potrebujeme hľadať toto nové slovo v tomto veľkom slovníku.（词典 slovník：以 k 结尾的阳性无生命名词）我们需要在这本大字典里找这个新词。

练习

一、写出下列名词的第六格单数

študent otec zástupca ujo most stôl stroj trh vlak žena skriňa posteľ továreň informácia kosť mesto vajce námestie dievča múzeum centrum ihrisko

二、用括号内所给单词的第六格单数填空

1. Pracujem na ________________ (môj počítač).

2. Sedí pri ________________

(Evin bratanec, náš vedúci oddelenia, mladý novinár, zahraničná študentka, vysoký tlmočník, Petrov príbuzný, Petrina učiteľka, jeho otec, svoj kolega, starý otec, stará mama, svoj sused, susedov ujo, svoj priateľ, svoja kamarátka, Petrina kolegyňa).

3. Na ________ (dedina) je vzduch čistejší ako v ________ (mesto).

4. Keď čítal, robil si vo ________ (svoja kniha, svoj zošit) poznámky.

5. Rád sedel vo ________ (svoje nové auto) a cestoval po ________ (svoja vlasť, tento pekný štát, tamtá pekná krajina, Čína, Slovensko).

6. Niektoré slová musíme najsť vo ________________ (veľký slovník).

7. Všetci ľudia hovoria o ____

(tá čudná vec, hlavné mesto tejto malej krajiny, jeho nová priateľka, bývalý prezident).

8. Po ______________________ (silný dážď, ťažký sneh) sa obloha opäť vyjasnila.

9. Celý večer sa rozprávali o _________________________ (my, vy, ja, ty, on, ona).

10. Rada hrá na _________________________ (bubon, klavír, gitara, píšťala, husle).

11. Po ________ (obed, večera) sa vždy prechádzajú po _________ (malý park, dlhý most, hustý les, stará ulica).

12. V __________ (nový časopis) si prečítal novú správu o ___________ (príroda, prírodná katastrofa, vojna medzi týmito dvoma krajinami).

13. Eva prežila celý život vo _______________________________ (svoje rodisko).

14. Pri ____________________________ (prednáška) všetci študenti nič nehovorili.

15. Bývame na ____ (druhé poschodie).

第十讲

第六格复数

名词第六格复数变化规律

一、阳性名词

（一）阳性有生命名词

1. 以辅音结尾

规律：在词尾直接加 och（部分单词脱音节）

študent: študentoch　doktor: doktoroch　učiteľ: učiteľoch　muž: mužoch

otec: otcoch

2. 以 a 结尾

规律：去掉 a 加 och

zástupca: zástupoch　kolega: kolegoch

3. 以 o 结尾

规律：在词尾直接加 ch

strýko: strýkoch　ujo: ujoch　dedo: dedoch

（二）阳性无生命名词

规律：在词尾直接加 och（部分单词脱音节）

zošit: zošitoch　hrad: hradoch　stroj: strojoch　kameň: kameňoch　stôl: stoloch koberec: kobercoch   kufor: kufroch

二、阴性名词

1. 以 a 结尾

（1）a 前为硬辅音且前一个音节中的元音为短元音

规律：去掉 a 加 ách

žena: ženách   kniha: knihách   ceruzka: ceruzkách

（2）a 前为硬辅音且前一个音节中的元音为长元音或双元音

规律：在词尾直接加 ch

rieka: riekach   prekážka: prekážkach

（3）a 前为软辅音且前一个音节中的元音为短元音

规律：去掉 a 加 iach（ď,ť,ň,ľ 去掉软音号）

ulica: uliciach   skriňa: skriniach   tabuľa: tabuliach

（4）a 前为软辅音且前一个音节中的元音为长元音或双元音

规律：在词尾直接加 ch

skrýša: skrýšach   práca: prácach

2. 以软辅音结尾

（1）软辅音前的元音为短元音

规律：在词尾直接加 iach（ď,ť,ň,ľ 去掉软音号）

noc: nociach   loď: lodiach   niť: nitiach   dlaň: dlaniach   posteľ: posteliach

（2）软辅音前的元音为长元音或双元音（包括由脱音节造成的）

规律：在词尾直接加 ach（部分单词发生脱音节）

bandáž: bandážach   továreň: továrňach   báseň: básňach

3. 以 ia 结尾

规律：去掉 a 加 ách

reštaurácia: reštauráciách   kancelária: kanceláriách   informácia: informáciách

4. 以 sť 结尾

规律：在词尾直接加 iach（ť 去掉软音号）

kosť: kostiach　miestnosť: miestnostiach　radosť: radostiach

三、中性名词

1. 以 o 结尾

（1）o 前一个音节中的元音为短元音

规律：去掉 o 加 ách

mesto: mestách　kino: kinách　okno: oknách

（2）o 前一个音节中的元音为长元音或双元音

规律：去掉 o 加 ach

víno: vínach　líčko: líčkach　okieno: okienach　miesto: miestach

2. 以 e 结尾

（1）e 前一个音节中的元音为短元音

规律：去掉 e 加 iach

more: moriach　vajce: vajciach　srdce: srdciach　pole: poliach

（2）e 前一个音节中的元音为长元音或双元音

规律：去掉 e 加 ach

líce: lícach

3. 以 ie 结尾

规律：去掉 e 加 ach

vyučovanie: vyučovaniach　vysvedčenie: vysvedčeniach　námestie: námestiach

4. 以 a 结尾

规律：在词尾直接加 tách（或去掉 a 加 encoch）

dievča: dievčatách/dievčencoch　mača: mačatách/mačencoch

káča: káčatách/káčencoch　*zviera: zvieratách

5. 以 um 结尾

（1）um 前一个音节中的元音为短元音

规律：去掉 um 加 ách

múzeum: múzeách   laboratórium: laboratoriách   centrum: centrách

（2）um 前一个音节中的元音为长元音或双元音

规律：去掉 um 加 ach

vízum: vízach

形容词第六格复数变化规律

一、修饰阳性名词

pekný: pekných

规律：在词尾直接加 ch

vysoký: vysokých   drahý: drahých   nový: nových

cudzí: cudzích

规律：在词尾直接加 ch

vyšší: vyšších   lepší: lepších   vedľajší: vedľajších

otcov: otcových

规律：在词尾直接加 ých

bratov: bratových   synov: synových

matkin: matkiných

规律：在词尾直接加 ých

sestrin: sestriných   dcérin: dcériných

二、修饰阴性名词

pekná: pekných

规律：去掉 á 加 ých

vysoká: vysokých drahá: drahých nová: nových

cudzia: cudzích

规律：去掉 ia 加 ích

vyššia: vyšších lepšia: lepších vedľajšia: vedľajších

otcova: otcových

规律：去掉 a 加 ých

bratova: bratových synova: synových

matkina: matkiných

规律：去掉 a 加 ých

sestrina: sestriných dcérin: dcériných

三、修饰中性名词

pekné: pekných

规律：去掉 é 加 ých

vysoké: vysokých drahé: drahých nové: nových

cudzie: cudzích

规律：去掉 ie 加 ích

vyššie: vyšších lepšie: lepších vedľajšie: vedľajších

otcovo: otcových

规律：<u>去掉 o 加 ých</u>

bratovo: bratových　synovo: synových

matkino: matkiných

规律：<u>去掉 o 加 ých</u>

sestrino: sestriných　dcérino: dcériných

指示代词和物主代词第六格复数变化规律

一、修饰阳性名词

ten: tých

môj: mojich　tvoj: tvojich　jeho: jeho　jej: jej　náš: našich　váš: vašich　ich: ich

二、修饰阴性名词

tá: tých

moja: mojich　tvoja: tvojich　jeho: jeho　jej: jej　naša: našich　vaša: vašich

ich: ich

三、修饰中性名词

to: tých

moje: mojich　tvoje: tvojich　jeho: jeho　jej: jej　naše: našich　vaše: vašich

ich: ich

数词第六格复数变化规律

一、修饰阳性名词

1: jedných　2: dvoch　3: troch　4: štyroch

二、修饰阴性名词

1: jedných　2: dvoch　3: troch　4: štyroch

三、修饰中性名词

1: jedných　2: dvoch　3: troch　4: štyroch

* 修饰阳性名词、阴性名词、中性名词的数词为 5 或以上

规律：在词尾直接加 ich（部分脱音节，个别发生音变）

5: piatich　6: šiestich　7: siedmich　8: ôsmich　9: deviatich　10: desiatich

11: jedenástich　20: dvadsiatich　50: päťdesiatich

例句

1. Stojíme pri tamtých nižších basketbalistoch.（篮球运动员 basketbalista：以 a 结尾阳性有生命名词）我们站在那些较矮的篮球运动员旁边。

2. Rozpravajú sa o týchto technických odborníkoch.（专家 odborník：以辅音结尾的阳性有生命名词）他们正在谈论这些技术专家。

3. V jej starých hoteloch podmienky nie sú dobré.（酒店 hotel：阳性无生命名词）在她的那些旧酒店里条件都不好。

4. Vedúca katedry sedí pri týchto piatich nových zahraničných učiteľkách.（女老师 učiteľka：以 a 结尾，a 前为硬辅音且前一个音节中的元音为短元音的阴性名词）（女）教研室主任坐在这五位新来的外国女教师旁边。

5. Sú dokumenty o všetkých kolegyniach.（女同事 kolegyňa：以 a 结尾，a 前为软辅音且前一个音节中的元音为短元音的阴性名词）这些是关于所有女同事的文件。

6. Vzduch je čistý pri týchto otvorených okienkach.（小窗户 okienko：以 o 结尾且 o 前一个音节中的元音为长元音的中性名词）这些开着的小窗户旁边的空气挺新鲜。

7. Tieto vedecké pokusy sa skončili v troch známych univerzitných laboratóriách.

（实验室 laboratórium：以 um 结尾且 um 前一个音节中的元音为短元音的中性名词）这些科学实验是在三个著名的大学实验室完成的。

8. V tamtých nových galériách sú mnohé umelecké výstavy.（美术馆，画廊 galéria：以 ia 结尾的阴性名词）在那些新的美术馆里有许多艺术展。

9. Poobede sú voľné miesta v malých cukrárňach.（甜品店 cukráreň：以软辅音结尾且软辅音前的元音为长元音的阴性名词）下午在小甜品店里一般都有空位。

10. Nechceme nič hovoriť o jeho nesprávnych slovách.（单词 slovo：以 o 结尾且 o 前一个音节中的元音为短元音的中性名词）对于他的错误言论我们什么都不想说了。

练习

一、写出下列名词的第六格复数

študent otec zástupca ujo most stôl stroj trh žena rieka skriňa posteľ továreň informácia kosť mesto vajce námestie dievča múzeum

二、用括号内所给单词的第六格复数填空

1. Mladé ženy najradšej chodia v ______________________ (nohavice).

2. Pri ______________________

(Petrova študentka, tento nový kolega, jeho rodič, malé dievča) je náš profesor.

3. Vždy sa prechadzajú po ______________________

(ten malý park, tamten dlhý most, táto široká ulica, krásne námestie).

4. Všetci študenti hovoria o ______________________

(tá čudná vec, pekná miesto tejto malej krajiny, ich nová priateľka, bývalý prezident).

5. Na ______________________

(tento veľký okrúhly stôl, nízka stolička, malá skriňa) sú mnohé nové knihy.

6. V ______________________(Evine oči) sa objavili slzy.

7. V mnohých ______________ (kniha, časopis, noviny) sme videli tieto informácie.

8. Po ______________ (hodina，jarné sviatky, Vianoce) odcestovali na Slovensko.

第十一讲
第七格单数

名词第七格单数变化规律

一、阳性名词

（一）阳性有生命名词

1. 以辅音结尾

规律：在词尾直接加 om（部分单词脱音节）

študent: študentom učiteľ: učiteľom muž: mužom otec: otcom

2. 以 a 结尾

规律：去掉 a 加 om

zástupca: zástupcom kolega: kolegom basketbalista: basketbalistom

3. 以 o 结尾

规律：在词尾直接加 m

strýko: strýkom ujo: ujom dedo: dedom

（二）阳性无生命名词

规律：在词尾直接 om（部分单词脱音节）

zošit: zošitom telefón: telefónom hrad: hradom stôl: stolom nôž: nožom

kôš: košom stroj: strojom kameň: kameňom koberec: kobercom

vzduch: vzduchom   sneh: snehom   pohár: pohárom   tanier: tanierom

kufor: kufrom   hotel: hotelom

二、阴性名词

1. 以 a 结尾

规律：去掉 a 加 ou

žena: ženou   kniha: knihou   ceruzka: ceruzkou   ulica: ulicou   skriňa: skriňou

tabuľa: tabuľou

2. 以软辅音结尾

规律：在词尾直接加 ou（部分单词脱音节）

dlaň: dlaňou   loď: loďou   posteľ: posteľou   továreň: továrňou   noc: nocou

3. 以 ia 结尾

规律：去掉 a 加 ou

reštaurácia: reštauráciou   kancelária: kanceláriou   informácia: informáciou

4. 以 sť 结尾

规律：在词尾直接加 ou

kosť: kosťou   miestnosť: miestnosťou   radosť: radosťou

三、中性名词

1. 以 o 结尾

规律：在词尾直接加 m

mesto: mestom   kino: kinom

2. 以 e 结尾

规律：去掉 e 加 om

more: morom   vajce：vajcom   *pole: poľom

3. 以 ie 结尾

规律：去掉 ie 加 ím

vyučovanie: vyučovaním   vysvedčenie: vysvedčením   námestie: námestím

4. 以 a 结尾

规律：在词尾直接加 ťom

dievča: dievčaťom   dieťa: dieťaťom   mača: mačaťom   zviera: zvieraťom

5. 以 um 结尾

规律：去掉 um 加 om

múzeum: múzeom   laboratórium: laboratóriom   centrum: centrom   vízum: vízom

形容词第七格单数变化规律

一、修饰阳性名词

pekný: pekným

规律：在词尾直接加 m

vysoký: vysokým   drahý: drahým   nový: novým

cudzí: cudzím

规律：在词尾直接加 m

vyšší: vyšším   lepší: lepším   vedľajší: vedľajším

otcov: otcovým

规律：在词尾直接加 ým

bratov: bratovým   synov: synovým

matkin: matkiným

规律：在词尾直接加 ým

sestrin:sestriným   dcérin: dcériným

二、修饰阴性名词

pekná: peknou

规律：去掉 á 加 ou

vysoká: vysokou　drahá: drahou　nová: novou

cudzia: cudzou

规律：去掉 ia 加 ou

vyššia: vyššou　lepšia: lepšou　vedľajšia: vedľajšou

otcova: otcovou

规律：去掉 a 加 ou

bratova: bratovou　synova: synovou

matkina: matkinou

规律：去掉 a 加 ou

sestrina: sestrinou　dcérina: dcérinou

三、修饰中性名词

pekné: pekným

规律：去掉 é 加 ým

vysoké: vysokým　drahé: drahým　nové: novým

cudzie: cudzím

规律：去掉 ie 加 ím

vyššie: vyšším　lepšie: lepším　vedľajšie: vedľajším

otcovo: otcovým

规律：去掉 o 加 ým

bratovo: bratovým   synovo: synovým

matkino: matkiným

规律：去掉 o 加 ým

sestrino: sestriným   dcérino: dcériným

指示代词、物主代词及数词 1 第七格单数变化规律

一、修饰阳性名词

ten: tým

môj: mojím   tvoj: tvojím   jeho: jeho   jej: jej   náš: naším   váš: vaším   ich: ich

jeden: jedným

二、修饰阴性名词

tá: tou

moja: mojou   tvoja: tvojou   jeho: jeho   jej: jej   naša: našou   vaša: vašou   ich: ich

jedna: jednou

三、修饰中性名词

to: tým

moje: mojím   tvoje: tvojím   jeho: jeho   jej: jej   naše: naším   vaše: vaším   ich: ich

jedno: jedným

人称代词第七格

人称	动词后、前置词后（句首）
ja	mnou
ty	tebou
on/ono	ním
ona	ňou
my	nami
vy	vami
oni/ony	nimi

例句

1. Stojíme za tamtým nižším rozhodcom.（裁判 rozhodca：以 a 结尾阳性有生命名词）我们站在那位较矮的裁判后面。

2. Medzi tým vysokým vojakom a tou peknou tlmočníčkou je ich prezident.（士兵 vojak：以辅音结尾的阳性有生命名词；女翻译 tlmočníčka：以 a 结尾的阴性名词）这位高的男士兵和漂亮的女翻译之间的是他们的总统。

3. Petrova matka ide do obchodu autobusom číslo 323.（公共汽车 autobus：阳性无生命名词）Peter（男性人名）的妈妈坐 323 路公共汽车去商店。

4. Ivan hrá futbal so svojím ujom.（舅舅 ujo：以 o 结尾的阳性有生命名词）Ivan（男性人名）正和自己的舅舅踢足球。

5. Ona sa chce stať jednou dobrou sudkyňou.（女法官 sudkyňa：以 a 结尾的阴性名词）她想成为一位好法官。

6. Zaoberajú sa životným prostredím.（环境 prostredie：以 ie 结尾的中性名词）他们从事生活环境工作。

7. Nad morím letia vtáky.（大海 more：以 e 结尾的中性名词）鸟在海面上飞翔。

8. Je jedna socha medzi novou galériou a starým múzeom.（美术馆，画廊 galéria：以 ia 结尾的阴性名词；博物馆 múzeum：以 um 结尾的中性名词）新美术馆和老

博物馆之间有座雕像。

9. Pred Evinou <u>cukrárňou</u> je mnoho ľudí.（甜品店 cukráreň：以软辅音结尾的阴性名词）在 Eva（女性人名）的甜品店前有很多人。

10. Tento žiak píše domácu úlohu novým <u>perom</u>.（钢笔 pero：以 o 结尾的中性名词）这个小学生正用新钢笔写作业。

练习

一、写出下列名词的第七格单数

študent otec zástupca ujo most stôl stroj žena skriňa posteľ továreň informácia kosť mesto vajce námestie dievča centrum

二、用括号内所给单词的第七格单数填空

1. Chcem sa stať ______________________________
   (známy herec, dôležitý politik, úspešný lekár, známa herečka, dôležitá politička, úspešná lekárka).
2. Za ______________________________
   (Evin bratanec, náš vedúci oddelenia, mladý novinár, zahraničná študentka, vysoký tlmočník, Petrov príbuzný, Petrina učiteľka, jeho otec, svoj kolega) je jeden nový kolega.
3. S/So ______________________________
   (starý otec, stará mama, svoj sused, susedov ujo, svoj priateľ, svoja kamarátka, Petrina kolegyňa) tancoval .
4. Medzi ______________ (banka) a ______________ (kaviareň) je nové kino.
5. Vo voľnom čase sa zaoberá ______________________________
   (hudba, tanec, umenie, šport, história, kultúra).
6. Tento študent sedí pred ______________________________
   (svoja matka, môj otec, tento veľký biely stôl, tamtá nízka stolička, Petrin strýko,

jeho kamarát, jej kamarátka, ich nový doktor, ich nová asistentka).

7. Cestoval ____

(to súkromné lietadlo, dvojposchodový autobus, svoje nové auto).

8. Píše domácu úlohu ________________ (nová farebná ceruzka, tamto staré pero).

9. Zatelefonoval s/so _____________________________ (my, vy, ja, ty, on, ona).

10. Ráno sa češeme __________ (hrebeň), umývame sa _______ (voda a uterák) ,

čistím si zuby ____________ (zubná kefka a zubná pasta).

第十二讲

第七格复数

名词第七格复数变化规律

一、阳性名词

（一）阳性有生命名词

1. 以辅音结尾

规律：在词尾直接加 mi

študent: študentmi doktor: doktormi učiteľ: učiteľmi muž: mužmi

…… 注意 ……

（1）如果结尾辅音是 m，则在词尾直接加 ami，如 otčim: otčimami。

（2）如果直接加 mi 后发生脱音节现象造成三个辅音（包括 m）连在一起，则在词尾直接加 ami，如 otec: otcami（如果直接加 mi，则是 otcmi，t、c、m 三个辅音连在一起无法发音，因此加 ami），chlapec: chlapcami，poslanec: poslancami。

2. 以 a 结尾

规律：在词尾直接加 mi

zástupca: zástupcami kolega: kolegami

······ 注意 ······

以 a 结尾且 a 前是 t，即以 ta 结尾的阳性有生命名词，分两种情况

（1）如果 ta 前是辅音，则在词尾直接 mi，如 futbalista: futbalistami，basketbalista: basketbalistami，turista: turistami。

（2）如果 ta 前是元音，则先去掉 a 后加 mi，如 poeta: poetmi，despota: despotmi。

3. 以 o 结尾

规律：去掉 o 加 ami

ujo: ujami dedo: dedami

（二）阳性无生命名词

规律：在词尾直接加 mi

zošit: zošitmi hrad: hradmi stroj: strojmi kameň: kameňmi stôl: stolmi

······ 注意 ······

（1）如果结尾辅音是 m，则在词尾直接加 ami，如 dom: domami，strom: stromami。

（2）如果直接加 mi 后发生脱音节现象造成三个辅音（包括 m）连在一起，则在词尾直接加 ami，如 koberec: kobercami（如果直接加 mi，则是 kobercmi，r、c、m 三个辅音连在一起无法发音，因此加 ami），kufor: kuframi。

二、阴性名词

1. 以 a 结尾

规律：在词尾直接加 mi

žena: ženami kniha: knihami ceruzka: ceruzkami ulica: ulicami skriňa: skriňami tabuľa: tabuľami

2. 以软辅音结尾

规律：在词尾直接加 ami（部分单词脱音节）

dlaň: dlaňami   loď: loďami   posteľ: posteľami   továreň: továrňami   noc: nocami

3. 以 ia 结尾

规律：在词尾直接加 mi

reštaurácia: reštauráciami   kancelária: kanceláriami   informácia: informáciami

4. 以 sť 结尾

规律：在词尾直接加 ami

kosť: kosťami   miestnosť: miestnosťami   radosť: radosťami

三、中性名词

1. 以 o 结尾

规律：去掉 o 加 ami

mesto: mestami   kino: kinami

2. 以 e 结尾

规律：去掉 e 加 ami

vajce: vajcami   srdce: srdcami   *pole: poľami/poliami   *more: morami/moriami

3. 以 ie 结尾

规律：去掉 e 加 ami

vyučovanie: vyučovaniami   vysvedčenie: vysvedčeniami   námestie: námestiami

4. 以 a 结尾

规律：在词尾直接加 tami（或去掉 a 加 encami）

dievča: dievčatami/dievčencami   mača: mačatami/mačencami   káča: káčatami/káčencami

*zviera: zvieratami

5. 以 um 结尾

规律：去掉 um 加 ami

múzeum: múzeami   laboratórium: laboratóriami   centrum: centrami   vízum: vízami

形容词第七格复数变化规律

一、修饰阳性名词

pekný: peknými

规律：在词尾直接加 mi

vysoký: vysokými　drahý: drahými　nový: novými

cudzí: cudzími

规律：在词尾直接加 mi

vyšší: vyššími　lepší: lepšími　vedľajší: vedľajšími

otcov: otcovými

规律：在词尾直接加 ými

bratov: bratovými　synov: synovými

matkin: matkinými

规律：在词尾直接加 ými

sestrin: sestrinými　dcérin: dcérinými

二、修饰阴性名词

pekná: peknými

规律：去掉 á 加 ými

vysoká: vysokými　drahá: drahými　nová: novými

cudzia: cudzími

规律：去掉 ia 加 ími

vyššia: vyššími　lepšia: lepšími　vedľajšia: vedľajšími

otcova: otcovými

规律：<u>去掉 a 加 ými</u>

bratova: bratovými   synova: synovými

matkina: matkinými

规律：<u>去掉 a 加 ými</u>

sestrina: sestrinými   dcérina: dcérinými

三、修饰中性名词

pekné: peknými

规律：<u>去掉 é 加 ými</u>

vysoké: vysokými   drahé: drahými   nové: novými

cudzie: cudzími

规律：<u>去掉 ie 加 ími</u>

vyššie: vyššími   lepšie: lepšími   vedľajšie: vedľajšími

otcovo: otcovými

规律：<u>去掉 o 加 ými</u>

bratovo: bratovými   synovo: synovými

matkino: matkinými

规律：<u>去掉 o 加 ými</u>

sestrino: sestrinými   dcérino: dcérinými

指示代词和物主代词第七格复数变化规律

一、修饰阳性名词

ten: tými

môj: mojimi tvoj: tvojimi jeho: jeho jej: jej náš: našimi váš: vašimi ich: ich

二、修饰阴性名词

tá: tými

moja: mojimi tvoja: tvojimi jeho: jeho jej: jej naša: našimi vaša: vašimi ich: ich

三、修饰中性名词

to: tými

moje: mojimi tvoje: tvojimi jeho: jeho jej: jej naše: našimi vaše: vašimi

ich: ich

数词第七格复数变化规律

一、修饰阳性名词

1: jednými 2: dvoma/dvomi 3: troma/trom 4: štyrmi

二、修饰阴性名词

1: jednými 2: dvoma/dvomi 3: troma/tromi 4: štyrmi

三、修饰中性名词

1: jednými 2: dvoma/dvomi 3: troma/tromi 4: štyrmi

* 修饰阳性名词、阴性名词、中性名词的数词为 5 或以上

规律：在词尾直接加 imi（部分脱音节，个别发生音变）

5: piatimi 6: šiestimi 7: siedmimi 8: ôsmimi 9: deviatimi 10: desiatimi

11: jedenástimi　20: dvadsiatimi　50: päťdesiatimi

例句

1. Stojíme za tamtými štyrmi nižšími rozhodcami.（裁判 rozhodca：以 a 结尾阳性有生命名词）我们站在那四位较矮的裁判后面。

2. Medzi tými vysokými stromami je jedno jazero.（树 strom：以辅音 m 结尾的阳性无生命名词）这些高大的树之间有一个湖。

3. S týmito usilovnými vedcami pracujeme.（科学家 vedec：以辅音结尾的阳性有生命名词）我们和这些辛勤的科学家一起工作。

4. Ivan hrá futbal s dvoma strýkami.（叔叔 strýko：以 o 结尾的阳性有生命名词）Ivan（男性人名）正和两位舅舅踢足球。

5. Ony sa chcú stať dobrými sudkyňami.（女法官 sudkyňa：以 a 结尾的阴性名词）她们都想成为好法官。

6. Zaoberajú sa mnohými ťažkosťami.（困难 ťažkosť：以 sť 结尾的阴性名词）他们正解决很多困难。

7. Pred tamtými dievčatami sedí ich nový triedny učitel.（女孩 dievča：以 a 结尾的中性名词）他们的新班主任坐在那些女孩前面。

8. Medzi týmito antibiotikami nie sú veľké rozdiely.（消炎药，抗生素 antibiotikum：以 um 结尾的中性名词）这些消炎药没什么大的区别。

9. Pod tamtými troma/tromi posteľami sú Evine veci.（床 posteľ：以软辅音结尾的阴性名词）在那三张床底下都是 Eva（女性人名）的东西。

10. Tento žiak píše domácu úlohu týmito novými farebnými perami.（钢笔 pero：以 o 结尾的中性名词）这个小学生正用这些新的彩色钢笔写作业。

练习

一、写出下列名词的第七格复数

robotník muž volejbalista ujo otec strom stroj koberec kameň stôl žena

polica kaviareň radosť informácia rameno vajce námestie centrum káča

二、用括号内所给单词的第七格复数填空

1. Oni hovorili o tom s/so ____________________

____

(ich dobrý profesor, ich dobrá profesorka, svoj cudzí kolega, svoj cudzia kolegyňa).

2. Stáli sme pred ____________________ (to otvorené okno).

3. Teraz bývajú za ____________________ (ten nový internát).

4. Nové budovy stoja medzi ____________________ (stará budova).

5. Pôjdeme s ____________________ (Petrov priateľ).

6. Rád sa hral so ____________________ (sestrino dieťa).

7. Medzi ____________________ (3, pes) je jedna mačka.

8. Nad ____________ (4, kniha) a ____________ (2, zošit) sú učebnice.

9. Zaoberá sa ____________________ (ony).

10. Rozprával si sa so ____________________ (všetci, príbuzný)?

11. Pred ____________________ (my) je voľné miesto?

12. S ____________________ (vy) pôjde ?

附录一

各讲练习参考答案

第二讲 第一格复数

一、

študenti, žiaci, Čínania, biológovia, učitelia, zástupcovia, hrdinovia, futbalisti, ujovia, synovia, otcovia, Rusi, stoly, slovníky, koše, kamene, koberce, ženy, skrine, postele, továrne, informácie, kosti, okná, vajcia, námestia, dievčatá/dievčence, centrá

二、

1. profesori, docenti, asistenti a vedeckí pracovníci
2. dvaja známi vedci
3. bratia, rodičia, susedia; hostia
4. ovocné stromy
5. zuby
6. Tri týždne
7. hlboké a plytké taniere
8. Štyri veľké hotely
9. slovenské hrady
10. dva dni

11. tri nočné lampy

12. Biele orchidey

13. moje spolužiačky

14. Matkine pracovité ruky

15. Električkové trate

16. Slovenské ľudové piesne

17. Staré železničné stanice

18. Jeho veci

19. Tieto červené jablká

20. Nepekné slová

21. Otcove plecia

22. Politické rokovania

23. susedove deti

24. Ich štyri malé vnúčatá

25. dni krátke; noci dlhé

26. Tvoje starosti; moje starosti

27. rodičia

28. Roľníci

29. Mliečne výrobky

30. Tieto akčné filmy

第三讲 第二格单数

一、

študenta uja syna otca učiteľa zástupcu hrdinu futbalistu ženy skrine postele továrne informácie kosti okna vajca námestia dievčaťa centra

二、

stola hotela mosta zošita slovníka stroja papiera počítača kufra koberca hokeja koša syra nosa obrazu štátu ananásu stromu mobilu obchodu futbalu kvetu obsahu vesmíru domu šampónu roka/u banána/u lista/u

三、

1. zeleného čaju, čiernej kávy, horúceho mlieka
2. svojho otca, svojej mamy, ich profesora, jej kolegu, tvojej kolegyne
3. Evinho bratanca, rakúskeho prezidenta, mladého novinára, zahraničnej študentky, ministra školstva, vysokého tlmočníka, tohto hovorcu vlády, vedúceho katedry, vedúcej katedry, Petrovho príbuzného, Petrinej učiteľky, ma, ťa, ho, jej, nás, vás, ich
4. spoločenského a kultúrneho života, otázky menšín, každej rodiny, štúdia, tvojho osudu
5. pôvodného plánu, svojho syna, vlastnej matky, nádeje, funkcie
6. bieleho chleba, zeleniny, čerstvého mäsa, ovocia, ryže
7. veľkého stola, vysokej stoličky, dlhého mosta, nového námestia, svojho brata, tohto otvoreného okna
8. lyžice, misy, hlbokého a plytkého taniera
9. syra, masla, koly, piva, vody
10. Jedného dňa
11. starej cesty, našej školy, ich domu, Jankovho auta
12. mňa, teba, neho, nej, nás, vás, nich
13. Afriky, Ázie a Európy
14. toho dieťaťa, jeho strýka, jej sestry, sestrinho priateľa, mojej kamarátky, tohto usilovného roľníka
15. svojej tety, matkinej matky, otcovej matky, otcovho otca, matkinho otca

四、

1. To je pero susedovho syna.
2. To je auto našej triednej učiteľky.
3. To je územie Slovenska.
4. To je hračka malého dievčaťa.
5. To je územie tejto krajiny.

第四讲 第二格复数

一、

študentov ujov synov otcov učiteľov mostov strojov zástupcov hrdinov futbalistov žien riek kníh čiapok učební postelí tovární informácií kostí okien miest miest rádií vajec námestí dievčat centier víz

二、

1. Eviných bratancov, Petrových sesterníc, tých mladých novinárov, tých zahraničných študentiek, vysokých tlmočníkov, týchto hovorcov vlády, tých hovorkýň vlády, našich príbuzných
2. pekných kvetov, nových kníh, čínskych slovníkov, ťažkých prác, peňazí, rozprávkových knižiek, starých ľudových piesní, krásnych pier
3. osobných a nákladných áut, okrúhlych stolov, ich priateľov a priateliek, našich susedov, základných a stredných škôl, malých pôšt, vysokých a nízkych sôch, pekných fontán, starých miest, nových kín, fliaš vína, ľudí, zahraničných športovcov
4. troch starých mám, piatich študentiek, štyroch kolegov, dvoch dievčat, dvadsiatich troch robotníkov, piatich profesorov, štyroch zástupkýň
5. svojich profesoriek, svojich učiteliek

第五讲 第三格单数

一、

študentovi otcovi zástupcovi ujovi mostu stolu stroju žene skrini posteli továrni informácii kosti mestu vajcu námestiu dievčaťu centru

二、

1. svojmu otcovi, svojej mame, ich profesorovi, jej dcére, tvojej kolegyni
2. Evinmu bratancovi, nášmu vedúcemu oddelenia, mladému novinárovi, zahraničnej študentke, vysokému tlmočníkovi, Petrovmu príbuznému, Petrinej učiteľke, jeho otcovi, svojmu kolegovi
3. starému otcovi, starej mame, svojmu susedovi, susedovmu ujovi, svojmu priateľovi, svojej kamarátke, Petrinej kolegyni
4. tomuto usilovnému roľníkovi, tejto krásnej vedkyni, tomuto známemu vedcovi
5. hudbe, tancu, umeniu, športu
6. mojej matke, jeho otcovi
7. tomuto ťažkému textu, tomu čudnému slovu, tamtej dlhej vete
8. mojej žene, svojmu cudziemu kamarátovi, Petrovmu bratovi, Vierinej tete, nám, vám, mne, tebe, nemu, nej
9. nás, vás, mi, ti, mu, jej
10. našej škole, tomuto veľkému námestiu, tomuto dlhému mostu, jeho domu

第六讲 第三格复数

一、

robotníkom mužom volejbalistom ujom otcom stromom strojom kobercom kameňom stolom ženám policiam kaviarňam miestnostiam informáciám ramenám miestam poliam vysvedčeniam múzeám káčatám/káčencom

二、

1. farebným televízorom, moderným vlakom, dreveným stoličkám, veľkým váľandám, osobným počítačom, zubným pastám, okrúhlym kreslám, hnedým skriniam, koženým aktovkám, vysokým pohárom, voňavým mydlám, pekným perám, krásnym blúzkam, bielym nohaviciam, červeným sukniam, čiernym čižmám, čerstvým ovociam, dobrým pravítkam, malým zošitom, mäkkým posteliam
2. vašim strýkom, vašim tetám, jeho bratom, jej kolegyniam, ich dobrým kamarátom, tvojim malým synom, našim triednym učiteľom, tvojim mladým profesorkám, ich synovcom a *neteriam
3. tvojim starým rodičom
4. všetkým novým študentkám
5. tým vysokým domom
6. trom učiteľom
7. svojim dvom bratom; štyrom sestrám
8. vám
9. nim
10. matkiným bratom a otcovým sestrám

第七讲 第四格单数

一、

robotníka muža volejbalistu uja otca strom stroj koberec kameň stôl ženu policu kaviareň radosť informáciu rameno vajce námestie centrum káča

二、

1. mapu
2. čínštinu
3. priateľa

4. tovar

5. polievku; mäso

6. kabát

7. syna

8. manželku; dcéru

9. otca; mamu

10. text

11. jedno staré rádio

12. toho vysokého chlapca

13. pohodlnú stoličku

14. strarý hrad

15. farebný obraz

16. to malé dievča

17. moderné kreslo

18. veľkú prestávku

19. čiernu kávu

20. jedného nového kolegu

21. vášho učiteľa

22. moju novú tašku

23. Kvetino pero

24. našu pomoc

25. jeho auto

26. matkinu knihu

27. vaše mesto

28. jej brata

29. jeho ceruzku

30. svoj kufor

第八讲 第四格复数

一、

robotníkov mužov volejbalistov ujov otcov stromy stroje koberce kamene stoly ženy police kaviarne radosti informácie ramená vajcia námestia centrá káčatá/káčence

二、

1. farebné televízory, moderné vlaky, drevené stoličky, veľké váľandy, osobné počítače, zubné pasty, okrúhle kreslá, hnedé skrine, kožené aktovky, vysoké poháre, voňavé mydlá
2. vašich strýkov, vaše tety, jeho bratov, jej kolegyne, ich dobrých kamarátov, tvojich malých synov, našich triednych učiteľov, tvoje mladé profesorky, ich synovcov a netere
3. pekné perá, krásne blúzky, biele nohavice, červené sukne, čierne čižmy, čerstvé ovocia, dobré pravítka, malé zošity, mäkké postele
4. matkiných rodičov
5. Petrove otázky
6. všetkých otcových príbuzných
7. tri chyby
8. štyroch bratancov; dve sesternice
9. tých nových kolegov
10. tie zaujímavé výstavy
11. nás
12. vás
13. ich
14. tých nízkych študentov

15. učebnice; papiere; ne

第九讲 第六格单数

一、

študentovi otcovi zástupcovi ujovi moste stole stroji trhu vlaku žene skrini posteli továrni informácii kosti meste vajci námestí dievčati múzeu centre ihrisku

二、

1. mojom počítači
2. Evinom brtancovi, našom vedúcom oddelenia, mladom novinárovi, zahraničnej študentke, vysokom tlmočníkovi, Petrovom príbuznom, Petrinej učiteľke, jeho otcovi, svojom kolegovi, starom otcovi, starej mame, svojom susedovi, susedovom ujovi, svojom priateľovi, svojej kamarátke, Petrinej kolegyni
3. dedine; meste
4. svojej knihe, svojom zošite
5. svojom novom aute; svojej vlasti, tomto peknom štáte, tamtej peknej krajine, Číne, Slovensku
6. veľkom slovníku
7. tejto čudnej veci, hlavnom meste tejto malej krajiny, jeho novej priateľke, bývalom prezidentovi
8. silnom dáždi, ťažkom snehu
9. nás, vás, mne, tebe, ňom, nej
10. bubne, klavíri, gitare, píšťale, *husliach（husle 意为小提琴，是常用复数，因此变格也只有复数形式，因与前述几个词同属乐器，遂归于此练习题）
11. obede, *večeri; malom parku, dlhom moste, hustom lese, starej ulici
12. novom časopise; prírode, prírodnej katastrofe, vojne medzi týmito dvoma krajinami

13. svojom rodisku

14. prednáške

15. druhom poschodí

第十讲 第六格复数

一、

študentoch otcoch zástupcoch ujoch mostoch stoloch strojoch trhoch ženách riekach skriniach posteliach továrňach informáciách kostiach mestách vajciach námestiach dievčatách/dievčencoch múzeách

二、

1. nohaviciach (nohavice 意为裤子，是常用复数，归于 a 前为软辅音且前一个音节中的元音为短元音一类)
2. Petrových študentkách, týchto nových kolegoch, jeho rodičoch, malých dievčatách/dievčencoch
3. týchto malých parkoch, tamtých dlhých mostoch, týchto širokých uliciach, krásnych námestiach
4. týchto čudných veciach, pekných miestach tejto malej krajiny, ich nových priateľkách, bývalých prezidentoch
5. týchto veľkých okrúhlych stoloch, nízkych stoličkách, malých skriniach
6. Eviných očiach
7. knihách, časopisoch, novinách (noviny 意为报纸，是常用复数，归于 a 前为硬辅音且前一个音节中的元音为短元音一类)
8. hodinách, jarných sviatkoch, Vianociach (Vianoce 意为圣诞节，是常用复数，归于 a 前为软辅音且前一个音节中的元音为短元音一类)

第十一讲 第七格单数

一、

študentom otcom zástupcom ujom mostom stolom strojom ženou skriňou posteľou továrňou informáciou kosťou mestom vajcom námestím dievčaťom centrom

二、

1. známym hercom, dôležitým politikom, úspešným lekárom, známou herečkou, dôležitou političkou, úspešnou lekárkou
2. Eviným bratancom, naším vedúcim oddelenia, mladým novinárom, zahraničnou študentkou, vysokým tlmočníkom, Petrovým príbuzným, Petrinou učiteľkou, jeho otcom, svojím kolegom
3. starým otcom, starou mamou, svojím susedom, susedovým ujom, svojím priateľom, svojou kamarátkou, Petirnou kolegyňou
4. bankou; kaviarňou
5. hudbou, tancom, umením, športom, históriou, kultúrou
6. svojou matkou, mojím otcom, týmto veľkým bielym stolom, tamtou nízkou stoličkou, Petriným strýkom, jeho kamarátom, jej kamarátkou, ich novým doktorom, ich novou asistentkou
7. tým súkromným lietadlom, dvojposchodovým autobusom, svojím novým autom
8. novou farebnou ceruzkou, tamtým starým perom
9. nami, vami, mnou, tebou, ním, ňou
10. hrebeňom; vodou a uterákom; zubnou kefkou a zubnou pastou

第十二讲 第七格复数

一、

robotníkmi mužmi volejbalistami ujami otcami stromami strojmi kobercami kameňmi stolmi ženami policami kaviarňami radosťami informáciami ramenami vajcami námestiami centrami káčatami/káčencami

二、

1. ich dobrými profesormi, ich dobrými profesorkami, svojimi cudzími kolegami, svojimi cudzími kolegyňami
2. tými otvorenými oknami
3. tými novými internátmi
4. starými budovami
5. Petrovými priateľmi
6. sestrinými deťmi
7. troma/tromi psami
8. štyrmi knihami; dvoma/dvomi zošitmi
9. nimi
10. všetkými príbuznými
11. nami
12. vami

在教学和学习过程中使用本书时还需搭配斯洛伐克语教材以及其他一些词典、图书与报刊、网络等文献资料。

本书意在抛砖引玉，读者在掌握相关知识点后，可根据自己的学习习惯和自身的学习情况进行适合自己的知识点创新性总结。最后恳请各位读者知悉并原谅，虽然本书中各种名词变格规律总结已很全面，但有个别名词却属特殊，有些格的变化并不遵守所属类型的规律（如以 k 结尾的阳性有生命名词 predok 的第一格复数不是 predoci 而是 predkovia；以 o 结尾，o 前有两个辅音且两个辅音前的元音为长元音的中性名词 číslo 的第二格复数不是 čísol 而是čísel 等）。对于这些为数不多的词汇，作者的学习经验也是只能死记硬背。

最后推荐两个网上学习斯洛伐克语变格规律的斯洛伐克语版网站以供参考：https://slovnik.juls.savba.sk、https://www.kvizy.eu/slovensky-jazyk/inteligentny-slovnik-slov。

后　记

语言学习是一个先自觉努力吸收，再自己归纳总结，继而重复形成记忆并熟练灵活使用的过程。一般非通用语言基础性学习的基本目的就是能使用该语言与懂得该语言的其他人进行交流，而我国非通用语言本科层次人才四年培养周期以及相较于大语种教学起步的较晚、教学经验的缺乏、教学资源的稀少、教学手段的单一，也从时间角度和客观条件上印证并决定了这一基本目的。目前国内斯洛伐克语本科教学无国内自编斯洛伐克语教材可直接使用，所用斯洛伐克出版的原版教材对变格规律的内容编排比较分散，而且原文讲解简略，而这样的编排和讲解容易使母语为中文的初学者将斯洛伐克语变格视为巨大难题，甚至从一开始就因此对学习斯洛伐克语失去兴趣。而实际上，斯洛伐克语变格大部分都有严格的一定之规，记住规律并随着斯洛伐克语词汇量的增长，掌握斯洛伐克语、用斯洛伐克语无障碍交流自然就成了水到渠成之事。

本书作为国内第一部斯洛伐克语语法教材，用中文对斯洛伐克语变格规律进行归纳总结，其目的就在于，希望帮助初学者化繁为简，取得事半功倍的效果，并从学习之初就克服心理上的畏惧情绪，树立学习斯洛伐克语并不困难的信心。

作者对本书用于斯洛伐克语基础语法教学周期设定为大学一年级第一学期，按一节时长为 45 分钟的课时计算，根据实际教学情况，大约需要 28 ～ 32 课时。